2時間でざっくりつかむ！

中小企業 の
「節税」
はじめに
読む本

中村太郎

中村太郎税理士事務所所長
税理士・行政書士

　あなたは、「節税」という言葉にどのようなイメージを持っていますか？
「節税」は「脱税」とは異なり、合法的な範囲内で会社が支払う税金を減
少または繰延させることで、会社内部に残る資金を留保する手法です。

　節税のメリットは、節税した分だけ会社に資金を残せることです。残し
た資金で将来のリスクに備えたり、その資金を次の企業活動に投資して会
社の成長スピードを高めたりすることができます。さらに役員や従業員の
節税にも目を向けることで、個人の生活も豊かにします。

　そして、**節税によって会社に資金を残しやすいのは、大企業よりも中小
企業**です。資本金等の小さい企業のほうが有利な税制がたくさんあるから
です。以下は資本金によって変わる税負担の一例です。

　　1,000万円以上　設立時から消費税の課税事業者になる
　　1,000万円超　　地方税の均等割が上がる
　　3,000万円超　　投資促進税制等の税額控除が使えなくなる
　　1億円超　　　　税法上の中小法人にあたらなくなる

　この本では、主に**資本金1億円以下の中小企業を対象とした節税策**を、
次の8つのポイントに分けてご紹介します。

　・役員・従業員の給与で節税……手当など給与の内容を見直せば、会社
の節税を行うと同時に、役員や従業員個人にかかる税金が減り、手取りを
増やすことができます（→ Chapter2）。

　・退職金で節税……退職金は税制上かなり優遇されていますので、その
ルールを活用して節税することができます（→ Chapter3）。

　・福利厚生費で節税……支給方法を見直すことで、給与ではなく福利厚

生費とすることができるものがあります。福利厚生費であれば役員や従業員個人に税金がかからないため、個人の節税になります（→ Chapter4）。

・交際費で節税……交際費を経費にするには、満たさなければならない要件があります。しかし、1つひとつの要件は難しくありません。要件を一度つかんでしまえば、どんな会社でも使いやすい節税対策に変わります（→ Chapter5）。

・印紙税で節税……印紙税は会社が作成する文書にかかる税金です。1つひとつが少額なので節税に力を入れていない会社も多いと思いますが、意外にも節税のバリエーションが豊富な税金になります（→ Chapter6）。

・売上・仕入で節税……売上や仕入の計上時期の見直し、棚卸資産の会計や税務のルールを使って節税する方法です（→ Chapter7）。

・減価償却で節税……減価償却をする資産は、購入時の取得価額のうち経費にできるものを選別したり、税法の特例を使ったり、古い資産を見直したりすることで節税することができます（→ Chapter8）。

・決算直前、決算後にできる節税……決算時の会計や税務のルールを使って節税する方法です（→ Chapter9）。

　基本的にはお金の不要な節税対策ですので、業種や規模にかかわらず使いやすいものになっています（お金の必要な節税策も適宜ご紹介します）。
　中小企業こそ、節税の手法を学び、会社に残る資金を最大化することで、その資金を活用して会社や社員の進化・成長に貢献していきましょう。

令和3年9月吉日

中村 太郎

Contents 目次

Chapter

まずは中小企業の節税の基本を知る

Chapter

2

役員・従業員の給与で節税する

Chapter

3 退職金で節税する

Chapter

4 福利厚生費で節税する

Chapter

5 交際費で節税する

Chapter

6 印紙税で節税する

Chapter

7 売上、仕入で節税する

Chapter

8 減価償却で節税する

Chapter

9 決算直前、決算後にできる節税策

Chapter 10 その他の節税と税務調査対策

おことわり

　本書では煩雑化を避けるため、税額などの計算において、適宜きりのいい金額や税率を使用したり、一部の税金を省略したりしています（例：法人税の実効税率を便宜上33%に統一、住民税の均等割、個人の所得税と住民税の控除計算の違いを省略など）。そのため、実際の数字と厳密には一致しない場合もございます。ご了承ください。

Chapter **1**

まずは中小企業の 節税の基本を知る

節税とは、法律の範囲内で、会社に資金を残して成長につなげるために行うものです。ムダ使いや脱税をしてしまうなんてことのないよう、節税の意義を頭に入れておきましょう。

本当の意味での
節税を理解する

節税は、会社を健全に成長させるためのもの

「真の節税」とは何か？

　「節税」という言葉に、どのようなイメージをお持ちでしょうか。わざと売上を計上しなかったり、プライベートで受け取った領収書を混ぜて偽の経費を計上したりする行為は、節税ではなく脱税です。

　では「真の節税」とは何か。あえて定義づけるなら、節税とは、合法的に税金を減少させることで、会社内部に資金を留保し、その資金を活用して会社や社員の進化・成長に貢献する経営活動のことです。節税は、**会社を健全に成長させるためのものでなければなりません。**

　税法で認められた範囲で不必要な税金の支払いを減らし、それによって会社に留保した資金で会社をさらに発展させる──。それが「真の節税」による会社の成長です。税金を手軽に減らすことだけを考えて噂やインターネットの情報を鵜呑みにし、その結果、多額の申告漏れが見つかったり脱税が発覚したりすると、会社の社会的名誉や、社員、株主、取引先等からの信頼を失います。節税は何よりもまず、法律の範囲内で行うものであることを忘れてはいけません。

合法かつ効果的な節税方法はたくさんある！

　「そんなことを言っていたら、大した節税なんてできないだろう」と思われる方もいらっしゃるかもしれません。そのような方は、ぜひこの本を最後までお読みになってください。

　節税は、やり方さえ知っていればお金をかけなくてもできるものがたくさんあります。この本では、法律の範囲内で十分効果を発揮できる71の節税方法をまとめています。「これは知らなかった！」「これなら今からでもできそうだ！」という節税方法にきっと出会えるはずです。

節税で会社に良いサイクルをつくる

悪い例

| 売上未計上 経費の私的利用 | → | 脱税 | → | 社会的信用の失墜 |

一度失った信頼を取り戻すのは大変

良い例

利益

節税

資金を留保

会社の成長に投資

TAX

 節税のプロのアドバイス

さらなる利益を生み出す好循環をつくる、正しい節税対策を学びましょう。

すべての経営者にとって
節税は"義務"である

節税は会社を守るための「リスクマネジメント」

🔍 業績不振に備えるために

　節税は、会社を成長させるためのものでありますが、同時に、**会社を守るためのもの**でもあります。

　会社の業績は、さまざまな要因に影響されて変動します。ライバル企業の出現や、優れた代替品が競合他社に開発されるといった外的要因で、売上が減少することは常に考えておかなければなりませんし、新型コロナウイルスのように、社会全体に突然大きなダメージを与える事象が再び起こらないとも限りません。

　黒字のときに節税をして資金を確保し、赤字に転落したときに備えるリスクマネジメントは、すべての経営者の"義務"といえます。

🔍 赤字であっても必ず節税を

　「うちの会社は所得が赤字だから、節税は関係ない」とお考えの経営者の方はいないでしょうか。例年、企業の法人税申告件数のうち、おおむね7割が赤字申告になるといわれています。たしかに赤字であれば、所得に対してかかる税金は発生しません。その事業年度だけで考えれば、節税をする必要はないように思えます。

　しかし会社の赤字は、翌期以降に繰り越すことができます。赤字を繰り越せるということは、**将来の黒字と相殺できる**ということです。特に平成30年4月以降に開始した各事業年度に生じた赤字であれば、**最大10年間も繰り越す**ことができます。

　たとえ現状が赤字であっても、長期的な視点を持って毎年しっかり節税をすれば、将来黒字に転じたときに、会社により多く資金を残すことができるのです。

📍 長期的な視点で節税を考える

青色申告法人の赤字は翌期に繰り越すことができる

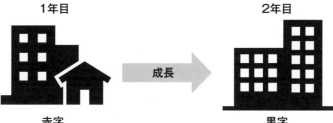

1年目		2年目
赤字	成長 →	黒字
▲1,000万円		3,000万円

（万円）

	赤字繰越無し		赤字繰越有り	
	1年目	2年目	1年目	2年目
税引前当期純利益	▲1,000	3,000	▲1,000	3,000
繰越欠損金	0	0	0	▲1,000
課 税 所 得	▲1,000	3,000	▲1,000	2,000
法 人 税 （税率30%と仮定）	0	900	0	600

300万円会社に
お金が残る

節税のプロのアドバイス

赤字は繰り越すことができるので、中長期的な視点を持って節税を検討しましょう。

3 節税に有利な「青色申告」を選択する

税制上優遇される

🔍 「青色申告」を行うために必要なこと

会社の法人税の申告には、「白色申告」と「青色申告」があります。

このうち、**節税に有利な申告は「青色申告」**です。節税を行いたい会社は必ず「青色申告」を選択するようにしましょう。

青色申告を行うために必要なことは、①決められた帳簿書類を備え付けて取引を記録する、②それを決められた年数まで保存する、③税務署に「青色申告の承認申請書」を期限内に提出する、の３つです。

特に③は重要で、原則は、青色申告の承認を受けたい事業年度の開始前に提出を行う必要があります。例外的に設立１年目は「設立の日以後３カ月を経過した日」か「設立後最初の事業年度終了の日」のうち、いずれか早い日の「前日」までとされています。

🔍 「青色申告」を選択するメリットとは

会社が青色申告を選択するメリットは多数あります。

代表的なものとして①**欠損金の繰越し 10 年間**（赤字を最長 10 年間繰越し、将来の利益と相殺）、②**欠損金の繰戻しによる法人税の還付**（前期に納税した法人税の払い戻し）、③**推計による更正または決定の禁止**（税務署による推計課税の対象外）、④**特別償却や税額控除**（特定の資産を購入したり、従業員への賃上げや投資などを行った場合に通常の減価償却にプラスして割増償却を行ったり、税金の控除を一定割合認めるもの）、⑤**少額減価償却資産の損金算入**（30 万円未満の資産を全額即時費用にできる。年間合計 300 万円まで可能）が挙げられます。

前項で紹介した「欠損金の繰越」も、①のメリットを活用した青色申告を行う法人だけに認められる特典です。

承認申請書を必ず期限内に提出

青色申告の承認申請書

税務署受付印

※整理番号

令和　年　月　日	納　税　地　〒 電話（　）　－
	（フ　リ　ガ　ナ） 法　人　名　等
	法　人　番　号
	（フ　リ　ガ　ナ） 代　表　者　氏　名
	代　表　者　住　所　〒
税務署長殿	事　業　種　目　　　　　　　　　業
	資本金又は 出　資　金　額　　　　　　　　　円

自令和　年　月　日
至令和　年　月　日　　事業年度から法人税の申告書を青色申告によって提出したいので申請します。

1　次に該当す　　　　　　　　　　　にレ印を　　　　　　　　年月日等を記載してください。
　□　青色申　　　　　　　　の消去され、　　　　　　る申告書の提出をやめる旨の届出書を提出

例
「3枚複写伝票」
「大学ノート」
「ルーズリーフ」

例
「毎日」
「1週間ごと」
「10日ごと」

2　参考事項
　(1)　帳簿組織の状況

伝票又は帳簿名	左の帳簿 の形態	記帳の 時期	伝票又は帳簿名	左の帳簿 の形態	記帳の 時期

　(2)　特別な記帳方法の採用の有無
　　　イ　伝票会計採用
　　　ロ　電子計算機利用

例
「総勘定元帳の記帳から一切の事務」
「伝票整理から一切の事務」

　(3)　税理士が関与している場合におけるその関与度合

税　理　士　署　名	

「青色申告の承認申請書」（国税庁）(https://www.nta.go.jp/law/tsutatsu/kobetsu/hojin/010705/pdf/056-1.pdf) を加工して作成

節税のプロのアドバイス

青色申告に必要な書類や記録を
大切に保管しておきましょう。

会社と社員双方が
嬉しい節税が理想

効果的な節税のために税の種類を知っておく

🔍 会社にかかる税金はさまざま

　節税を効果的に行うためには、まず会社が支払っている税金を知らなければなりません。法人が支払う税金といえば、法人の所得にかかる法人税、法人税額から計算される地方法人税、地方税である法人事業税、法人道府県民税、法人市町村民税（東京都は法人都民税）などがあります。これらの税金をまとめて「法人税等」と呼んでいます。

　さらに法人道府県民税や法人市町村民税（東京都は法人都民税）には、所得に関係なく発生する均等割という税金があります。均等割は、従業員の人数等で税額が変わります。「法人は赤字でも毎年7万円の税金が発生する」とよくいわれますが、理由はこの均等割が発生するからです。

　ほかにも所得に関係なくかかる税金として、消費税、印紙税、固定資産税、登録免許税、不動産取得税、事業所税などがあります。

🔍 個人にかかる税金も軽視しない

　会社の節税対策を行う上で知っておきたいのが、会社の役員や従業員が受け取る給与にかかる税金です。いずれも個人の「給与所得」として所得税や住民税がかかります。

　「会社の節税を考えるときに個人の税金は関係ないだろう」と思われるかもしれませんが、**給与をたくさん支払って会社の税金だけ引き下げたとしても、そのぶん給与を受け取った個人にかかる税金が高くなってしまっては、効果的な節税とはいえません。**

　会社にとっても個人にとっても節税になるという対策が理想です。そのため会社の節税を行うときは、会社と個人にかかる税金を全体で考えることが大切です。

 # さまざまな要素が絡む節税

給料を抑えた場合

会社

税金増

給料

役員・従業員

税金減

給料を多く出した場合

会社

税金減

▲30万円

給料

合わせると
20万円の増税

役員・従業員

税金増

+50万円

上記のように会社で30万円節税できても従業員の税金と合算すると+20万円となり、上手な節税とはいえない。

節税のプロのアドバイス

理想に近い節税策がとれるよう、
さまざまな角度から検討しましょう。

5 効果的な節税のためには早めの準備を

計画的に節税対策に取り組む

🔍 節税対策は決算の2～3カ月前には始めること

会社の法人税等は、事業年度の開始から決算までの会計処理をもとに計算しますが、**決算が終わってからできる節税対策はほとんどありません。**さらに決算の直前の時期も、そのタイミングで始められる節税対策は限られます。**遅くとも決算の2～3カ月前には節税のための行動を開始する**ことが大切です。

2～3カ月前に当期の最終的な利益やどのくらいの節税が必要になるか予測を立てることができれば、残された期間で効果的な節税対策を行うことができます。

🔍 「お金の不要な節税対策」を優先的に行うこと

節税対策には、「お金の必要な対策」と「お金の不要な対策」があります。お金の必要な対策とは、節税するためにお金を支払って経費を増やす方法です。たとえば退職金の支給をしたり、少額な資産を購入したりする方法があります。

一方、お金の不要な節税対策とは、**税法のルールを活用して節税する方法**です。税法には、ルールに従えば節税に有利な方法で税金を計算してよいとするもの、逆にルールに従わなければ経費とは認めないというものが数多く存在します。

この仕組みを活用し、より有利な方法で税金を計算できるようにすることがお金の不要な節税対策です。

会社の資金には限りがあります。まずはお金の不要な節税対策を優先的に行い、資金にゆとりがあるときにだけ、お金の必要な節税対策を検討するという順序を守ることが大切です。

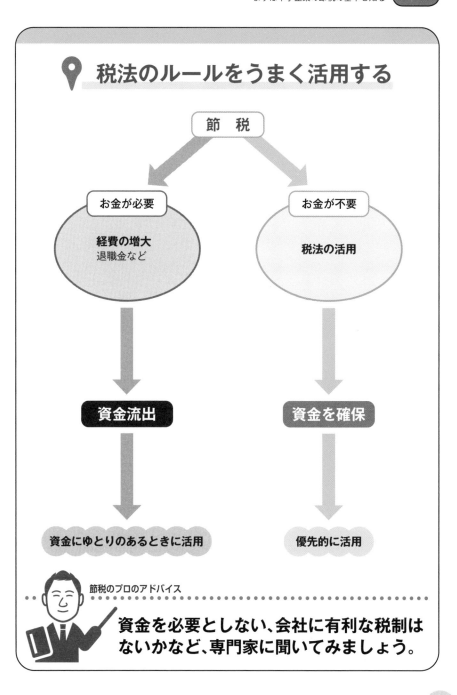

税法のルールをうまく活用する

節　税

お金が必要 → **経費の増大** 退職金など → **資金流出** → 資金にゆとりのあるときに活用

お金が不要 → **税法の活用** → **資金を確保** → 優先的に活用

節税のプロのアドバイス

資金を必要としない、会社に有利な税制はないかなど、専門家に聞いてみましょう。

節税に有利な反面、
注意点も多い「青色申告」

　P14で紹介したように、会社の申告では「青色申告」のほうが、節税の面で有利です。しかし、青色申告にも少なからずデメリットや注意点があります。

　「会計帳簿」を作成する義務があるのは同じですが、青色申告で作成する会計帳簿は白色申告のものよりも複雑なため、慣れていない人が作成する場合、作成するのに時間がかかる可能性が高いです。「固定資産台帳」や「仕訳日記帳」など、用意すべき会計帳簿や書類も白色申告に比べて多くなります。

　ただし最近では、クラウド会計ソフトやパソコン会計ソフトを利用する会社も多いことから、ある程度自動的に仕訳が入力されますので、青色申告を選択するデメリットはほとんど無くなってきていると言えるでしょう。

　また、以下のようなケースでは青色申告を取り消されることがありますので注意が必要です。

　①帳簿書類についての開示を拒否した場合、②所得の仮装または隠蔽を行った場合、③欠損金額を減額する更正をした場合、④無申告または期限後申告の場合、⑤会計帳簿への記載が不備であった場合、⑥二重帳簿等の悪質な書類作成の場合、⑦会計帳簿を作成していない場合。

　③の「欠損金額を減額する更正をした場合」に青色申告が取り消されるのは、不正した所得金額が当初の申告に係る欠損金額の50%に相当する金額を超えたときで、④の「無申告または期限後申告の場合」に青色申告が取り消されるのは、2事業年度連続して期限内に申告書の提出がされなかったときです。

Chapter **2**

役員・従業員の 給与で節税する

役員に報酬を支給するなどの節税策は、一方で個人の税負担を上げるということにもなります。会社も個人も嬉しい節税となるよう、適切な金額設定を考えましょう。

6 通勤手当の非課税枠を活用する

月15万円まで非課税で支給可能

🔍 会社から支給する手当は通勤手当から始めよう

役員や従業員が会社から給与（役員報酬含む）を受け取ると、受け取った個人に所得税や住民税がかかります。しかしそれを非課税となる方法で支給したり、あるいは給与として扱わなくてよい方法で支給したりすることによって、個人の税金を節税することができます。

通勤手当は給与にあたる手当ですが、**他の手当と違い一定額まで個人の所得税や住民税が非課税になります**。通勤手当は通勤のためにかかった実費を補てんするためのものだからです。

仮に会社から従業員に月25万円を支給するとき、基本給23万円＋住宅手当2万円とするより、基本給23万円＋通勤手当2万円としたほうが、従業員の手取りは多くなります。

会社の経費となる額はどちらも年間300万円（25万円×12カ月）ですので、法人税の節税効果は変わりません。**それなら個人の節税になる通勤手当を優先的に支給したほうがよいという話です。**

これから福利厚生として新しい手当の創設を考えている会社は、まずは通勤手当を非課税金額以下で支給することから始めてください。

🔍 通勤手当の非課税限度額

非課税で支給できる通勤手当には限度額があり、通勤手段によって限度額が変わります。

公共交通機関を使う場合と、マイカーなど交通用具を使う場合、定期券代やガソリン代など実費全額が非課税となりますが、上限は月15万円。

公共交通機関と交通用具を併用する場合、非課税限度額はそれぞれの1カ月あたりの実費の合計で計算しますが、これも月15万円が上限です。

通勤手当の計算例

例1　基本月給　23万円
　　　　住宅手当　2万円
　　➡　課税対象となる給与　25万円

> これを12カ月分支給したときの、個人の所得税・住民税を比較すると……

例2　基本月給　23万円
　　　　通勤手当　2万円(全額、非課税とします)
　　➡　課税対象となる給与　23万円

例1　(25万円×12カ月)－給与所得控除額98万円＝202万円
　　　　202万円－所得控除95万円＝107万円
　　　　所得税　107万円× 5％＝ 5万3,500円
　　　　住民税　107万円×10％＝10万7,000円
　　　　合計16万500円

例2　(23万円×12カ月)－給与所得控除額90万8,000円
　　　　＝185万2,000円
　　　　185万2,000円－所得控除95万円＝90万2,000円
　　　　所得税90万2,000円× 5％＝4万5,100円
　　　　住民税90万2,000円×10％＝ 9万200円
　　　　合計13万5,300円 ➡ 例1よりも2万8,300円の手取りアップ

2つの例は、どちらも会社から2万円の手当を支給していますが、通勤手当を支払ったほうが個人の手取りが2万8,300円多くなります。

※所得控除は、社会保険料控除(便宜上47万円)と基礎控除(48万円)の計95万円を計上。
※復興特別所得税と住民税の均等割、所得税と住民税の控除計算の違いは省略。

節税のプロのアドバイス

非課税限度額は15万円ですが、経済的かつ合理的でない手段では認められません。

出張手当を支給する

会社と社員に異なるメリットが

🔍 出張手当は節税と会社の業務効率化になる

　出張にかかった交通費や宿泊費などの実費はもちろん会社の経費になりますが、これを「出張手当」として、日当など決められた額で支給することもできます。旅費規程を作成して支給額を定め、それに従って支給すれば、**支給した全額を会社の経費とし、かつ個人の給与として扱わないこと**ができます。

　節税以外のメリットとして、受け取る側は出張手当と実費との間に差額が生じても返還する必要がありません。会社側は**実費精算にかかっていた時間を削減する**ことができます。出張手当のほか、転勤のための引越手当や赴任手当も同様の扱いとなります。

🔍 出張手当の非課税限度額

　出張手当や転勤のための手当には、通勤手当のような非課税限度額はなく、その出張や転勤に「通常必要であると認められるもの」であれば非課税とされます。支給相手の役職や出張場所、会社の規模、業務内容などにより、会社内でバランスの良い金額を設定しましょう。

　絶対にやってはいけないのが、特定の人にだけ手当を支給する「不公平な旅費規程」です。役員だけ、あるいは特定の従業員だけしか受けられない手当は、個人の給与扱いとなってしまいます。役員の出張手当が給与扱いになれば会社の経費にならない額が生じ、かえって税金が増えることもあります。旅費規程は必ず役員・従業員の全員を支給対象としましょう。

　なお出張手当等のうち、通常必要と認められる部分は消費税の課税仕入れになります。一方、海外への出張手当等は原則として課税仕入れになりません。消費税の課税取引になるのは、国内取引が原則だからです

わずらわしい経費精算もなくなる

 出張

交通費

宿泊費

そのままでも経費だが …… 出張手当 の規程を定めて支給

全額経費かつ個人の給与にもならない

出張手当のメリット

● 実費と差額があっても返還不要

● 実費精算にかかっていた時間を
削減できる

 注意点

特定の人だけに手当を支給すると
個人の給与扱いになってしまいます！

 節税のプロのアドバイス

 社員の出張の多い会社であれば
ぜひ検討しましょう。

社宅を賃貸する場合は 一定額の家賃を徴収する

会社が借り上げた物件でもOK

🔍 社宅は一定額の家賃を受け取れば給与扱いにならない

　会社から役員や従業員に社宅を賃貸し、決められた額以上の家賃を会社が徴収していれば、「現物給与」の扱いはなく個人には課税されません。

　現物給与とは、金銭ではない「経済的な利益」を会社が従業員等に供与したときに給与として扱うもののことです。もし役員や従業員に会社が無料で住まいを貸せば、それは現物給与にあたり、源泉徴収や個人の所得税と住民税の対象になってしまいます。

　社宅というと会社所有の社員寮を想像するかもしれませんが、会社で賃貸した物件を役員・従業員に貸す方法もあります。このときのポイントは、法人が賃貸借契約の当事者であることです。役員・従業員の個人名義で借りた物件の家賃を会社が負担すれば給与の扱いになってしまいます。

🔍 役員・従業員から徴収する金額

　現物給与にならないためにいくら家賃を徴収すればよいかは、役員と従業員で計算方法が異なります。役員から徴収する「賃貸料相当額」の計算方法は、右ページのとおりです。

　「小規模な住宅」に区分される社宅が、徴収する家賃を最も低くすることができます。「小規模な住宅」の定義は、床面積が木造家屋など（法定耐用年数が30年以下の建物）であれば132㎡以下、それ以外（法定耐用年数が30年超の建物）であれば99㎡以下の社宅です。

　「小規模な住宅」に該当しないときは、社宅が会社所有か、賃貸かによって変わります。

　従業員の場合、右ページの「小規模な住宅」の方法で計算した家賃の「50％以上」です。役員のように小規模かどうかによる区別はありません。

徴収する家賃の目安

賃貸料相当額

小規模な住宅

その年度の家屋の固定資産税の課税標準額×0.2%
＋
（12円×床面積／3.3㎡）
＋
その年度の敷地の固定資産税の課税標準額×0.22%

小規模な住宅以外で、かつ豪華社宅でないもの

【会社所有】
その年度の家屋の固定資産税の課税標準額
×12%（木造家屋以外は10%）×12分の1
＋
その年度の敷地の固定資産税の課税標準額×6%×12分の1

【賃借物件】
会社が支払う賃貸料の50%相当額か、
上記【会社所有】の金額とのいずれか多い額

豪華社宅（※）

一般の賃貸料相当額（時価）

※床面積が240㎡を超えるもので、賃料、設備等を総合勘案して豪華であるもの。
240㎡以下のものであっても、個人の嗜好を反映した豪華なもの（プール付き
など）は豪華社宅にあたる可能性があります。

節税のプロのアドバイス

役員か従業員かで、現物給与にならない額が違うので注意しましょう。

9 法人と個人の税率差を考え 役員報酬を支払う

所得税の特性を生かした節税方法

🔍 法人と個人は「税率」が違う

役員報酬は、一定の要件を満たせば全額を会社の経費にすることができます。役員報酬の金額の決定権は株主にあります。中小企業では、株主＝社長のケースがほとんどですから、役員報酬をいくら支給するかは、ある程度、経営者が自由に決められることでしょう。

利益が多く出る見込みの事業年度は、役員報酬を多く支給すれば節税になります。逆に利益があまり出ない見込みの事業年度は、支給額を少なくして会社に資金を残すことも可能です。ただし役員報酬を支払えば、当然今度は役員個人に給与としての課税（所得税・住民税の課税）が行われます。

🔍 超過累進税率をうまく利用する

ではなぜこれが節税になるのかというと、個人所得にかかる所得税の税率が、所得の価額帯に応じて5％～45％（住民税は一律10％）と、所得の額によって税率が幅広く設定されているからです。

このように所得が高いほど高くなる税率を「超過累進税率（ちょうかるいしんぜいりつ）」といいます。法人税等にも、超過累進税率が適用される税金はありますが、所得税ほどの開きはありません（本書では便宜上33％としています）。

法人と個人の税率の違いを活用すれば、会社の利益に法人税等が課される場合よりも、その利益を役員報酬としてキャッシュアウトしたほうが、トータルで支出する税金を少なくすることができます。

ただし役員報酬を高くしすぎると逆に所得税のほうが高くなってしまいますので、いくら支払うかが重要です。具体的にいくら支払えばよいかについては、P43の表も参考にしてみてください。

役員報酬を支払うと節税になる

所得税の早見表

課税される所得金額	税率	控除額
1,000円 から 1,949,000円 まで	5%	0円
1,950,000円 から 3,299,000円 まで	10%	97,500円
3,300,000円 から 6,949,000円 まで	20%	427,500円
6,950,000円 から 8,999,000円 まで	23%	636,000円
9,000,000円 から 17,999,000円 まで	33%	1,536,000円
18,000,000円 から 39,999,000円 まで	40%	2,796,000円
40,000,000円 以上	45%	4,796,000円

住民税の計算方法

課税総所得金額×10%（一律）　　（＋均等割5,000円）

所得税と住民税の合算表

課税される所得金額	税率	控除額
1,000円 から 1,949,000円 まで	15%	0円
1,950,000円 から 3,299,000円 まで	20%	97,500円
3,300,000円 から 6,949,000円 まで	30%	427,500円
6,950,000円 から 8,999,000円 まで	33%	636,000円
9,000,000円 から 17,999,000円 まで	43%	1,536,000円
18,000,000円 から 39,999,000円 まで	50%	2,796,000円
40,000,000円 以上	55%	4,796,000円

※上記に住民税の均等割が加わります。
※所得税と住民税の控除計算の違いを省略しています。

 節税のプロのアドバイス

会社、役員双方にとって得する支給額を見極めましょう。

役員報酬の節税効果を事例で見る

給与所得控除を利用して節税する

🔍 社長1人に役員報酬を年600万円支給した場合

　法人から役員報酬を支給した場合、どのくらいの節税効果があるのかを、シミュレーションしてみましょう。右ページも併せてご覧ください。

　役員報酬のうち所得税等の課税対象になるのは、年間の支給額から給与所得控除額を差し引いた「給与所得」になります。

　この項では、均等割は5,000円、所得控除は社会保険料控除（協会けんぽ）と基礎控除のみ考慮するものとします。

　まずは社長に年600万円の役員報酬を支給した場合の節税額をシミュレーションします（事例1）。この場合、毎年約147万円の節税になります。

🔍 社長の配偶者や親族にも役員報酬を支払う場合

　もう少し経費を増やしたいというときは、社長の配偶者や親族にも会社の仕事に従事してもらい、役員報酬を分散して支払う方法が効果的です。

　給与所得控除や基礎控除は各人に適用される上、給与所得控除は所得の低い部分ほど高い控除率が適用されることから、支給相手を分散するほうが非課税で支給できる額が大きくなるのです。

　社長の妻に120万円、母に60万円の役員報酬を支給した場合、たった3万5,500円の納税で180万円の経費を計上することができます。節税額は約56万円です（事例2）。

　ちなみにこの180万円を、事例1の社長の役員報酬に上乗せした場合、納税額は86万3,500円となり、600万円のときより35万5,000円も納税額が増えます。その結果、節税額は約24万円に下がります。

　なお、勤務実態がない場合や、業務内容に照らして過大な役員報酬の場合は認められませんので、注意が必要です。

役員報酬支給のシミュレーション

事例1	社長1人に役員給与を600万円支給した場合

600万円－164万円(※1)**＝給与所得436万円** ➡ **所得税・住民税 50万8,500円**(※2)

(※1) 164万円＝600万円×20％＋44万円
(※2) 所得税：(436万円－社会保険料控除90万円－基礎控除48万円)×10％－9万7,500円
 ＝20万500円
 住民税(所得割)：(436万円－社会保険料控除90万円－43万円)×10％＝30万3,000円
 住民税(均等割)：5,000円
 20万500円＋30万3,000円＋5,000円＝50万8,500円

600万円の利益を法人に残した場合の法人税等：600万円×33％＝198万円
毎年の節税額：毎年約147万円（198万円－50万8,500円）

※わかりやすくするために、金額は適宜簡略化しています。実際の税額と違う場合があります
※所得控除は、社会保険料控除（便宜上90万円）と基礎控除（48万円・43万円）を計上
※復興特別所得税は省略

事例2	社長の配偶者や親族にも180万円支給した場合

●社長の配偶者
120万円－55万円＝給与所得65万円 ➡ **所得税・住民税 3万5,500円**(※1)

(※1) 65万円－基礎控除48万円＝17万円
 所得税：17万円×5％＝8,500円 住民税(所得割)：22万円×10％＝2万2,000円
 住民税(均等割)：5,000円 → 所得税 8,500円、住民税 2万7,000円

●社長の母
60万円－55万円＝給与所得5万円 ➡ **所得税・住民税 0円**(※2)

(※2) 5万円－基礎控除48万円＝0万円
 所得税：17万円×5％＝8,500円 住民税(所得割)：0円 住民税(均等割)：0円

180万円の利益を法人に残した場合の法人税等：180万円×33％＝59万4,000円
毎年の節税額：毎年約56万円（59万4,000円－3万5,500円）

●社長1人に780万円支給した場合は……
780万円－188万円(※1)**＝給与所得592万円**

(※1) 780万円×10％＋110万円
所得税：(592万円－社会保険料控除117万円－基礎控除48万円)×20％－42万7,500円＝42万6,500円
住民税(所得割)：(592万円－社会保険料控除117万円－基礎控除43万円)×10％＝43万2,000円
住民税(均等割)：5,000円
 42万6,500円＋43万2,000円＋5,000円＝86万3,500円
 86万3,500円－50万8,500円【600万円の税額】＝35万5,000円

 節税のプロのアドバイス

役員報酬を分散させて支払うことで、非課税で支給できる額が増えます。

役員には毎月同額の報酬を支給する

役員報酬を経費にする支給方法

🔍 支給方法を誤ればかえって負担増に

役員報酬を経費にするには、決められた支給方法を守らなければなりません。

もし役員報酬が経費にならなければ、その役員報酬には、**法人と個人両方の税金がかかる**というダブルパンチを受けます。節税にならないどころか、むしろ増税となってしまうのです。

平成18年度の税制改正以降、役員報酬のうち経費になるものは「**定期同額給与**」と「**退職金**」になります。それ以外の支給方法もありますが、普通はこの2つしか経費にならないと考えてください。

退職金は、文字どおり退職時に支払われる手当のことです。

よって通常時の役員報酬を経費にできるのは「**定期同額給与**」しかありません。

🔍 定期同額給与とは

「定期同額給与」とは、支給時期が1カ月以下の一定期間であり、かつ、各支給時期における支給額が同額である給与のことです。

以前は総支給額がまったく同じでなければ定期同額給与とは認められなかったので、年の途中で社会保険料等に改定があると手取りにばらつきが生じていました。

しかし平成29年4月以後に支給の決議が行われる役員報酬については、源泉徴収税や社会保険料を控除した手取りベースでの額が同額であれば、それも定期同額給与として扱われるようになりました。

事業年度途中で役員報酬を変更したい場合の対応については、P34で解説しています。

年度途中で変更すると経費にならない

事例1　事業年度の途中で増額した場合

3月決算の会社が、役員に対して4月から11月までは毎月30万円を支給。

12月から毎月40万円に増額して支給。

この場合、途中で増額した10万円×4カ月＝40万円が経費になりません。

結果　40万円×33％＝13万2,000円の増税となります。

事例2　事業年度の途中で減額した場合

3月決算の会社が、役員に対して4月から11月までは毎月40万円を支給。

12月から毎月30万円に減額して支給。

この場合、途中で減額した毎月30万円の役員報酬が経費として認められますが、途中まで支給していた毎月40万円の役員報酬のうち10万円×8カ月＝80万円が経費になりません。

結果　80万円×33％＝26万4,000円の増税となります。

節税のプロのアドバイス

年度中に減額した場合、減額する前の報酬が経費として認められない点に注意です。

役員報酬の支給額を事業年度途中に改定する

要件を満たせば全額経費扱いに

🔍 通常改定は事業年度開始日から３カ月以内に

定期同額給与の支給額は、「通常改定」、「臨時改定」、「業績悪化改定」と呼ばれるいずれかの改定にあたる場合、事業年度の途中で支給額を変更しても、変更前後の役員報酬をすべて経費にすることができます。

多くの会社で行われているのは、通常改定による変更です。

通常改定は、事業年度開始の日から３カ月以内にされた改定をいいます。

一般的には、決算後の定時株主総会のタイミングで支給額の変更を決定し、１年間それを支給することが繰り返されています。

🔍 ３カ月以内でなくてもいいケース

なお、次のケースでは３カ月以内に変更決定をしていなくても通常改定として扱われます。

・確定申告書の提出期限の延長を受けている法人が指定された月数プラス２カ月を経過する日までにした改定

・特別の事情があると認められる場合の改定

１つ目は確定申告の延長の特例を申請しているケースです。ただし１カ月の延長を受けるケースが多いと思いますので、これによって通常改定の期限が延びるケースは少ないかもしれません。

また、２つ目のように、事業年度の途中で役員の職制上の地位が変更された場合や、職務内容の重大な変更があった場合などに行われる臨時改定、感染症による休業要請などの理由により経営状況が著しく悪化し、やむを得ず役員報酬を減額せざるを得なくなったときの業績悪化改定も、期限は問われません。ただし、**多少の業績悪化では税務調査で否認される可能性**もありますので、注意してください。

年度中に改定しても経費になるケース

事業年度開始日から
3カ月以内

4月　5月　6月　7月　　　　　　　　　　　　　　3月（決算月）

月30万円　　　　　　　　　月50万円

5月の株主総会で
7月からの役員報酬
増額を決定

全額経費にして
OK

3月決算の会社が、役員に対して4月から6月までは毎月30万円を支給。5月25日の定時株主総会の決議を経て、7月から毎月50万円に増額して支給した場合は、変更前後のすべてを経費とすることができます。

改定した後の金額は、同額でなければなりません。
事業年度の途中で1度改定した場合、
• 事業年度の開始から改定まで
• 改定から事業年度終了まで
の金額が同じである必要があります。
事例は増額の変更ですが、減額する場合も同じ流れです。

節税のプロのアドバイス

役員報酬支給額を変更する場合は、必ずこの条件に則ってください。

13 役員への賞与を経費にする方法

例外的に経費と認められる2つの方法

🔍 事前に税務署に届出書を提出する

役員に対する賞与は、通常そのままでは経費になりません。賞与の性質上、定期同額給与の条件も満たすこともできませんが「事前確定届出給与」として支給することで、経費にすることができます。

事前確定届出給与とは、納税地を管轄する税務署に「事前確定届出給与に関する届出書」をあらかじめ提出し、届け出た内容どおりに賞与を支給するというものです。

まずは株主総会で賞与の支給を決議し、その後、原則1カ月以内に「いつ・誰に・いくら」役員賞与を支給するのかを税務署に届け出て、期日になったら賞与を支給するという流れになります。

もし実際の支給日が1日でもズレたり、届け出た内容と異なる金額を支給したりすると、基本的に経費にできませんので注意しましょう。

🔍 使用人兼務役員に対して使用人分の賞与を支給する

「使用人兼務役員」とは、役員の地位にあるけれど社内では使用人、つまり一般の従業員として働いている人のことです。

ここまで見てきたとおり、役員報酬は一定の条件を満たすものしか経費になりません。

しかし、相手が使用人兼務役員であれば、その人が「使用人」として働いた部分の給与はそもそも役員報酬にあたらないため、経費とすることができます。

このことから、通常は経費にならない役員賞与も、相手が使用人兼務役員であり、その使用人としての職務に対する賞与であれば、事前確定届出給与の要件を満たさなくても賞与を経費にすることができるのです。

使用人兼務役員とは？

使用人兼務役員

役員のうち、使用人としての職制上の地位を有している人で、常に使用人としての職務に従事している人のことです。

具体的には、役員でありながら、部長、課長、支店長、工場長、営業所長、支配人、主任といった、会社の機構上、使用人として定められている役職に就いている人をいいます。（例：取締役経理部長など）

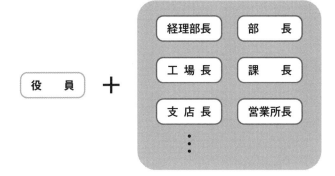

小規模な会社では、会社の組織図や役職を定めていないことのほうが多いため、この場合は、その役員が行っている職務が他の使用人と同質であるかどうかによって、使用人兼務役員にあたるかどうかを判断します。

 節税のプロのアドバイス

役員賞与を経費にするために、届出書の提出か使用人兼務役員を検討しましょう。

取締役を
使用人兼務役員とする

タイミングと金額に注意

🔍 他の使用人に対する賞与の支給時期と同時に支給すること

前項のとおり、「使用人兼務役員」に対する給与のうち、使用人の職務の対価として支払われた部分は役員報酬のルールが適用されません。

このルールを使って取締役を使用人兼務役員とすれば、使用人としての賞与を支給することができます。

使用人兼務役員に使用人としての職務に対する賞与を支払うときは、**他の使用人と同じ時期に支給する**ことに注意してください。

他の使用人に賞与を支給するタイミングと異なるときに支給したものは、過大な役員報酬の扱いになり、経費になりません。

支給するタイミングを合わせることがポイントですので、ボーナス期に賞与を未払金として計上しておき、後に他の役員に給与を支給するタイミングで支給するという方法ではダメです。

また、**就任している役職等によっては使用人兼務役員になれない**ので、**注意してください。**

なお、詳細は次項（P40）で説明しますが、「みなし役員」とみなされないための対策も必要です。

🔍 使用人の職務に対する賞与として適正な金額であること

使用人兼務役員に支払う賞与の金額は、**類似する職務に従事している他の使用人の給与に相当する額と比べて適正なものでなければなりません。**

比較対象となる使用人がいない場合は、役員に就任する前の給与の額、過去のベースアップ等の状況、使用人のうち最上位にある者の給与を参考にして適正な金額か検討することとされています。

適正な金額を超えるものは過大な役員報酬として、経費になりません。

使用人分の賞与も経費で支給可能

取締役のみの場合	使用人兼務役員の場合

取締役に係る役員報酬額のみの支給となる

取締役に係る役員報酬額に加え、使用人分の賞与額を上乗せすることができ、要件を満たせば経費とすることができる

[使用人兼務役員になれない役職等]

- 代表取締役、代表執行役、代表理事
- 副社長、専務、常務その他これらに準ずる職制上の地位にある役員
- 合名会社、合資会社、合同会社の業務執行社員
- 取締役（委員会設置会社の取締役に限る）、会計参与、監査役、監事
- 同族会社のみなし役員
- 非常勤取締役

豆知識：みなし役員とは

- 会社の使用人以外の者で、会社の経営に従事している者（相談役、顧問など）
- 同族会社の使用人のうち、所有割合が50%に達する第三順位までの株主グループに属し、本人の属する株主グループの所有割合が10%を超え、本人やその配偶者の所有割合が5%を超えており、かつ、その同族会社の経営に従事している者

 節税のプロのアドバイス

条件を満たす取締役は、使用人兼務役員をうまく活用しましょう。

15 社長の親族を使用人の職務に従事させる

役員に登用するより制約は少ないが……

🔍 社長の親族を一般の従業員にする

社長の親族を会社の役員に登用する会社はたくさんありますが、本Chapter で説明してきたようにさまざまな制約があります。

それならいっそ、社長の親族を使用人として雇い入れ、使用人として給与を支払うのも手です。しかしそうすると本当は経営に参画し、役員としての仕事をしているにもかかわらず、形式的な役職を与えないことによって、役員報酬の抜け道になるケースが出てきます。

そこで「みなし役員」の制度があります。みなし役員とは、会社法上の役員ではないものの、税法上役員とみなされる者のことです（→ P39）。

一定の株式を保有し、かつ経営に従事している者の場合、法人税法上は役員扱いとなり、支給される給与は役員報酬となります。親族に使用人としての給与を支払うためには、みなし役員にしないための対策が必要です。

🔍 親族がみなし役員と認定されないためには

みなし役員となってしまうのは、一定の株式を保有しているという要件と会社の経営に従事しているという要件をどちらも満たす場合（→ P39「豆知識」）です。親族をみなし役員としないためには、**会社の経営に従事していないことを証明できることが重要**です。

「会社の経営に従事している」とは、会社の意思決定に参加、業務の執行を行っていることなどをいいます。対策としては、**会社の経営に従事していない証明資料（作業日報、議事録など）を作成**しておくことです。

ただし社長が入院治療中である場合などは、妻や子供が実質的に経営に従事していると認定されるおそれがあるので、昇給・賞与の支払いには注意が必要になります。

みなし役員か否かの判断基準

家族を役員にすると……

● 定期同額での支給が必要
● 過大な金額は損金不算入

● 一定の株式を保有
● 経営に参加 etc …

 一般の従業員にする

みなし役員

経営に参加していない
証明が必要

証明できる書類

作業日報

経費精算書

タイムカード　など

節税のプロのアドバイス

**経営に参加する必要のない家族は、
使用人として雇用してみましょう。**

16 適切な役員報酬額を設定する

過大な役員報酬に注意

🔍 額が大きすぎる場合、過大分は経費にならない

定期同額給与や退職金は原則として経費になりますが、その金額が多すぎる場合、過大とされた部分は経費になりません。

役員報酬が過大かどうかは、「**実質基準**」「**形式基準**」の2つの基準に照らして判定します。

実質基準は、役員の職務内容、会社の収益状況、従業員に対する給料の支給状況、その会社と同程度の他社の役員報酬の支給状況を、形式基準は定款または株主総会の決議によって決定した役員報酬の支給限度額を基準にします。それぞれの基準から適正な役員報酬を計算して過大な部分を算出し、どちらか大きい過大な部分を損金不算入とします。

🔍 形式基準で役員報酬の支給限度額を設定する際のポイント

まず、将来、役員報酬の支給額を上げたときに限度額を超えないよう、**支給限度額を高めに設定**しておきます。

次に、役員報酬の**支給限度額は総額で設定**しましょう。役員ごとに限度額を設定することもできますが、そうすると総額では支給限度額を超えていないのに役員ごとの個別の限度額は超えてしまうことがあります。

そして**使用人兼務役員の使用人としての給与は含めない**で設定しましょう。使用人兼務役員に支給される給与のうち、使用人の職務に対する給与は、役員報酬のように厳格な支給要件を満たさなくても通常の給与として経費にすることができます。

そのため、使用人兼務役員がいる会社で支給限度額を設定するときは、使用人としての給与を含めないと定めることによって支給限度額の枠を大きくすることができます（議事録の記載例→P184、185）。

役員報酬額と個人、法人にかかる税額

ここまで、役員給与を経費にして節税する方法や、経費にならない役員給与の支給方法を見てきました。

それでは具体的に役員給与をいくら支給すれば最も節税できるかをシミュレーションします。

手順 ①会社の今後1年間の所得を見込み計上する

②その金額をもとに、いくら支給すれば法人と個人を合わせた負担税額が最も少なくなるかを計算する

ここでは会社の見込み所得を2,000万円とし、社長1人に役員給与を支給する場合の法人と個人の税金を、役員給与を200万円・400万・600万…2,000万円と少しずつ増やしてシミュレーションします。

※簡略化のため、1万円未満を四捨五入しています

（単位：万円）

役員給与	法人所得	個人の税金	法人の税金	合計税額
0	2000	0	660	660
200	1800	9	594	603
400	1600	26	528	554
600	1400	51	462	513
800	1200	91	396	487
1000	1000	147	330	477
1200	800	207	264	471
1400	600	280	198	478
1600	400	360	132	492
1800	200	444	66	510
2000	0	530	0	530

節税のプロのアドバイス

基準と納税額を照らし合わせて、適切な役員報酬額を設定しましょう。

必ずチェックしておきたい
通勤手当の非課税限度額

　通勤手当の非課税限度額（→ P22）は、その人の使用する交通手段によって異なります。

　①交通機関または有料道路を利用している人に支給する通勤手当であれば、1 カ月あたりの合理的な運賃等の額（最高限度 150,000 円）になります。

　②マイカーなどで通勤している人の非課税となる 1 カ月あたりの限度額は、以下の表をご参照ください。

片道の通勤距離	1カ月当たりの限度額
2km未満	(全額課税)
2km以上10km未満	4,200円
10km以上15km未満	7,100円
15km以上25km未満	12,900円
25km以上35km未満	18,700円
35km以上45km未満	24,400円
45km以上55km未満	28,000円
55km以上	31,600円

　③交通機関を利用している人に支給する通勤用定期乗車券は、1 カ月あたりの合理的な運賃等の額（最高限度　150,000 円）までが非課税に。

　④交通機関または有料道路を利用するほか、交通用具も使用している人に支給する通勤手当や通勤用定期乗車券は、1 カ月あたりの合理的な運賃等の額と、②の金額との合計額（最高限度 150,000 円）が非課税になります。

Chapter

3

退職金で
節税する

原則的に全額が経費になる退職金は、節税策の切り札の1つ
といえます。そして退職金は、退職時以外にも支給できたり、
さまざまな備えができることを知っておきましょう。

退職金の支給が
節税として効果的な理由

原則的に全額が経費になる

🔍 退職していなくても支給できる退職金

Chapter 2でお伝えしたとおり、社長など役員に支払う給与は、定期同額で支給するなど、決められた方法で支給しなければ会社の経費になりません。しかしこのルールが適用されないものがあります。それは「退職金」です。

退職金は、原則、その全額が会社の経費になります。そして個人に対する所得税・住民税もほとんどかかりません。

「いやいや、退職金なんて簡単に支払えないよ」と思いますよね。退職金のために役員に会社を去ってもらうことはできませんから、節税対策には使えないと考えるのが普通です。だからこそ、退職金には役員報酬のように厳格な損金算入ルールが定められていません。

しかし、会社を辞めていない役員に支給できる退職金があるとしたらどうでしょうか。この退職金をうまく使えば、定期同額でないにもかかわらず、退職金をすべて会社の経費にすることができます。これは「打ち切り支給」の退職金と呼ばれるものです。具体的には、次項で解説します。

🔍 役員退職金を支払ったときの会社の処理

通常の役員退職金の損金算入時期は、株主総会の決議等によって退職金の額が具体的に確定した日の属する事業年度です。ただし、実際に支払った事業年度で損金経理をすれば、支払った事業年度でもかまいません。

つまり通常は、未払いの状況でも経費にできるということです。これに対し、次項から解説する「打ち切り支給」は、未払経理をしても損金に算入されず、実際に支給することが必要となります。

退職金を支払ったときの各税

●会社の税金

退職金支給前の法人所得を4,000万円とした場合、会社の法人税等は約1,320万円（4,000万円×約33％）です。
この会社が役員退職金3,000万円を支給した場合、法人所得は1,000万円になりますので法人税等は約330万円（1,000万円×約33％）になります。

●役員個人の税金

【退職所得の計算式】
（退職金の額－退職所得控除額）×2分の1
➡計算式の「退職金の額」は源泉徴収をする前の額です。退職金も給与と同じで源泉徴収が必要になります

勤続年数	退職所得控除額
2年以下	80万円
3 ～ 20年	40万円×勤続年数
20年超	800万円＋70万円×（勤続年数－20年）

例：勤続年数27年5カ月の役員Aさんに退職金3,000万円を支給したとき、Aさんにかかる税金（所得税・住民税）
1年未満の端数は切り上げ⇨28年　800万円＋70万円×8年＝1,360万円
➡1,360万円まで非課税で支給可能
➡超えた分のうち税金の対象になるのは2分の1
Aさんの支給額3,000万円…差額の1,640万円のうち、税金の対象になるのは2分の1の820万円
退職金は他の所得と合算せずに、それだけで税金を計算します。このような税金のかけ方を「分離課税」といいます。
退職金3,000万円（勤続年数28年）にかかる税金は、所得税125万円、住民税約82万円となります。

計算式　所得税：820万円×23％－63万6,000円＝125万円
　　　　　住民税：820万円×10％＝82万円

節税のプロのアドバイス

個人の税金を低く抑えられる退職金は、節税の重要なカードになり得ます。

「役員への退職金」を「打ち切り支給」する

ただし報酬の減額もセットで行う

🔍 地位や業務内容の変更がポイント

役員の地位や業務内容に変更があったタイミングで、それまでの業務に対する退職金を「打ち切り支給」すれば、会社を辞めていない役員に支給した金銭を退職金として扱うことができます。

どういったときに「打ち切り支給」ができるかというと、常勤役員が非常勤役員になった場合、取締役が監査役に変わった場合、変更後の報酬が激減（おおむね50％以上減少）した場合のどれかです。このとき、「打ち切り支給」の退職金の計算時にベースとなる勤続期間を、本当に退職するときの退職金の計算期間に含めないとすることがポイントです。

🔍 打ち切り支給ができない役員に注意

地位や業務内容が変わっても、引き続き経営上主要な地位にある役員には、退職金の打ち切り支給をすることができません。たとえば、代表取締役から常勤の取締役になったとしても、経営にかかわっていることは変わりませんので、退職金を支給しても賞与として扱われてしまいます。

役員退職金の打ち切り支給をしたときに疑われやすいのは、「退職金を経費にしたいがために地位や業務内容を変更したと見せかけているのではないか」ということです。そのため実務では、上記の要件に該当することだけでなく、**経営への影響力や業務内容が変わったことを客観的に示せるかどうかも大切**になります。やっていただきたいのは報酬の減額です。

先ほど示した打ち切り支給の3つのケースは、1つを除いて、必ずしも報酬の減額は求められていません。しかし非常勤の取締役に常勤のときと同額の報酬を支給していたら、誰だって疑いたくなりますよね。**打ち切り支給後は報酬を見直すこと、これをセットで行うべきです。**

役員退職金が役員賞与とされたら……

税務調査で否認されてしまった場合

●会社の税金

役員退職金の全額が経費になりません。
前項(p47)でいうと
役員退職金を支給した後の法人税等も
約1,320万円のままとなります。

● 否認されなかった場合と比較すると、
　約990万円の増税

税務署

●役員個人の税金

例：役員Aさんに支給した退職金3,000万円が賞与扱いになったとき
にAさんにかかる税金（所得税・住民税）

計算式

> 3,000万円－給与所得控除195万円＝2,805万円

3,000万円すべてが給与と同じ扱いとなります。
所得控除（基礎控除48万円、社会保険料控除約250万円）を考慮しても、
Aさんの税金は約973万9,000円
（所得税約723万2,000円、住民税約250万7,000円）
となります。

● 否認されなかった場合と比較すると、約766万円の増税

節税のプロのアドバイス

「打ち切り支給」が退職金にあたるかどうか不安なときは、迷わず税務相談へ！

「従業員の退職金」を「打ち切り支給」する

会社に十分な資金があるなら有効な節税に

🔍 退職金制度の改正・定年延長があったとき

退職金の打ち切り支給は、従業員に対して行うことも可能です。

以下の状況にあてはまるときに支給する退職金は、支給した日の属する事業年度の経費になります。

会社が新たに退職給与規程を制定する、あるいは中小企業退職金共済制度・確定拠出年金制度への移行、定年の延長等にともない、退職給与規程を制定・改正して退職給与を打ち切り支給した場合は、一定の要件を満たすことで、退職金として扱うことができます。

一定の要件とは、**退職金を現実に支給すること、退職金の支給に相当の理由があること、その後に退職金を支給した年までの在職年数を加味しないこと**です。定年延長の場合は、支給する相手がそもそもの定年に達している者であることも必要になります。

🔍 従業員が役員になったとき

従業員が会社の役員になったとき、その会社の退職給与規程に基づき、従業員であった期間の退職金を打ち切り支給することもできます。また、会社法上の役員ではない「執行役員」に就任する場合も、退任後、従業員としての再雇用が保障されていない等、一定の要件のもとで就任するときは、就任前の期間に基づく退職金を打ち切り支給することができます。

従業員に打ち切り支給した退職金も会社の経費になりますので、会社に利益が出ているときに行えば、有効な節税対策になります。個人については退職金の扱いとなりますので、賞与や給与よりも節税となります。

ただし、退職金の支給は資金が大きく流出しますので、利益が出ていても会社に資金が十分でないときには行うべきではありません。

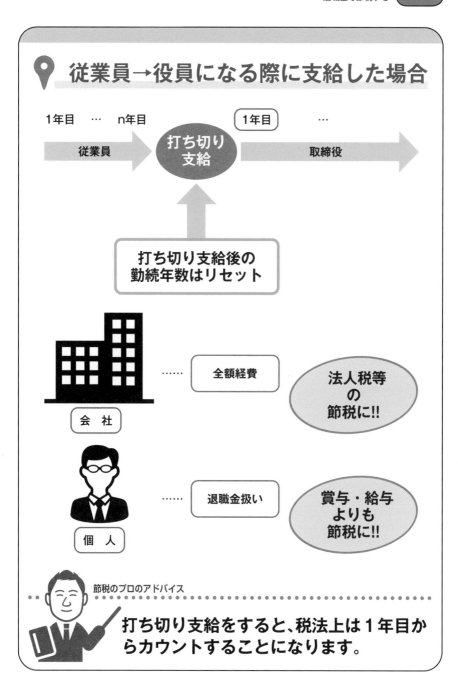

従業員→役員になる際に支給した場合

1年目 … n年目　　1年目 …

従業員　打ち切り支給　取締役

打ち切り支給後の勤続年数はリセット

会　社 …… 全額経費　→　法人税等の節税に!!

個　人 …… 退職金扱い　→　賞与・給与よりも節税に!!

節税のプロのアドバイス

打ち切り支給をすると、税法上は1年目からカウントすることになります。

役員退職金の適切な算出方法

税務署に突っ込まれないように

🔍 簡単に退職金を算出できる「功績倍率法」

役員退職金は会社の経費になりますが、いくらでも支払っていいというものではありません。役員退職金であっても、**不相当に高額な部分は経費にできない**という法律の決まりがあるからです。

何をもって不相当なのかというと、業務に従事した期間、退職の事情、その会社と同程度の他社の支給状況に照らして判断するとされています。税務署は、似た企業の支給データを独自に収集してそこから判断することもありますので、こちらも相当であるといえる支給額になるよう基準を設けて支給する必要があります。

実務では「**功績倍率法**」という計算方法を使って、その役員にふさわしい退職金の額を算定することが多いです（計算式は右ページに示します）。

功績倍率法は、役員退職金の計算を簡単に行えるメリットがありますが、最終月額給与を使うため、退職前に給与を引き下げると、退職金が少なくなってしまうことに注意しましょう。

🔍 役員退職給与規程を作成しておく

役員退職金を支給するには、**役員退職給与規程**（規程例→P186）を作成し、それに定められた支給基準や計算方法に従って行います。そうすることで、その金銭が本当に退職金であることや、会社が利益操作のために支給したものでないことを示すことができるからです。

万が一、役員退職金が役員賞与の扱いになってしまうと、会社・個人ともに税負担が増えるというリスクがありますので、会社はできる限りの対策をしておくべきです。

計算が容易な功績倍率法

功績倍率法の計算式

役員の退職時の最終月額給与×勤続年数×功績倍率
＝退職金

・功績倍率の目安

会長・社長	3.0倍
副 社 長	2.8倍
専務取締役	2.5倍
常務取締役	2.2倍
取締役・監査役	2.0倍
会 計 参 与	1.8倍

※過去の国税不服審判所の判決で、類似する企業の平均を基に、代表取締役等の功績倍率を1.9倍としたケースも。

⬇

業種や規模ごとに判断することも必要（税理士に相談を）

例：勤続10年で最終月額給与が150万円の常務取締役の退職金
150万円×10年×2.2倍
＝3,300万円　　が目安に

 節税のプロのアドバイス

退職金の基準を示す規程を作成して、税務調査に備えましょう。

21 死亡退職金の税法上の扱いを知っておく

考えたくないケースだが重要

🔍 受け取った側の税金はどうなる？

　万が一、役員や従業員が在職中に死亡したとき、遺族に支給する退職金を「死亡退職金」といいます。あまり想像したくない状況ですが、経営者であれば、死亡退職金がどのような税金上の扱いを受けるかについても知っておく必要があります。

　死亡後3年以内に支給が確定した死亡退職金は「相続税」の対象になります。会社から遺族に直接支払われたとしても、退職金は実質的に亡くなった人の財産ですので、税金の計算上は相続財産とみなされます。相続税の対象となる場合、**死亡退職金に所得税・住民税はかかりません。**

　では相続税はどのようになるかというと、まず退職金を受け取った人物（遺族）が、亡くなった人の妻や子など相続人である場合、「法定相続人の数×500万円」まで非課税となります。これを超える分や非課税の適用を受けられない分が相続税の対象になりますが、相続税の計算は、亡くなった人の財産から基礎控除額を差し引いて計算されますので、税金がかからないケースもあります。**死亡退職金を遺族の誰に支給するかは、あらかじめ退職給与規程に定めておくとよいでしょう。**

🔍 死亡退職金を支払う会社側の処理

　死亡退職金であっても退職金には変わりありませんので、会社の経費になります。相続税の対象となる死亡退職金は、所得税がかかりませんから、支払うときに源泉徴収をする必要はありません。ただしその支払金額が100万円を超える場合は、「**退職手当等受給者別支払調書**」と「**合計表**」を支払った翌月の15日までに税務署に提出してください。なお100万円を超えるかどうかにかかわらず「合計表」は提出する必要があります。

死亡退職金のシミュレーション

> **例**
> - 死亡退職金5,000万円、それ以外の相続財産6,000万円
> - 法定相続人：妻、長男
> - 相続税の対象となる死亡退職金
>   5,000万円 － （500万円×2人） = 4,000万円
> - 相続税の課税価格の合計
>   4,000万円 ＋ 6,000万円 = 1億円
> - 課税遺産総額
>   1億円 － 基礎控除額（3,000万円 ＋ 600万円 × 2人）
>   = 5,800万円
> - 相続税の総額
>   770万円（385万円 ＋ 385万円）

※相続税の総額は770万円を、妻と長男が実際に相続した財産の割合で負担。
※妻には配偶者の税額軽減があり、相続した財産が法定相続分 or 1億6,000万円
　のいずれか大きい額まで相続税はかからない。
※相続税は、被相続人のすべての相続財産から計算するため、死亡退職金のみに
　どのくらい税金がかかったかを比較することは難しいが、このケースでは死亡
　退職金をすべて妻が受け取っているので、死亡退職金の相続税は実質0円といえる。
　しかも5,000万円の役員退職金によって、節税できる法人税等は約1,650万円
　（5,000万円×約33％）なので、有効な節税策といえる。

相続税も超過累進税率が適用されている

法定相続分に応ずる取得金額	税率	控除額
1,000万円以下	10%	―
3,000万円以下	15%	50万円
5,000万円以下	20%	200万円
1億円以下	30%	700万円
2億円以下	40%	1,700万円
3億円以下	45%	2,700万円
6億円以下	50%	4,200万円
6億円超	55%	7,200万円

節税のプロのアドバイス

死亡退職金に所得税・住民税はかかりませんので、該当する場合は支給しましょう。

22 弔慰金と死亡退職金の違いを知っておく

遺族側は非課税となる

🔍 支給金額には注意

役員や従業員本人が死亡したとき、死亡退職金とは別に、会社から遺族に弔慰金、花輪代や葬祭料など（以下、「弔慰金等」）を支払うこともあります。その支給相手や金額は、慶弔金規程を作成してあらかじめ定めておき、死亡退職金の計算とは区別することが一般的です。

弔慰金等は、社会通念上一般的なものであれば、受け取った側の税金は非課税となります。もちろん、会社の経費にもなります。

ただし、役員・従業員本人の死亡によって遺族に多額の弔慰金等が支給されたとき、「それは実質的に死亡退職金なのではないか」という疑念が生じます。

このように、弔慰金等として支給された金銭が死亡退職金かどうか明確でないときは、その死亡が業務上の原因による場合は、死亡時の「普通給与」の3年分まで、業務上以外の場合は、死亡時の普通給与の半年分まで、弔慰金（非課税）として扱うこととされています。

つまり、それを超えなければ非課税、超えた分は、死亡退職金として遺族の相続税の対象になるのです。

🔍 非課税枠を活用して遺族により多くの支給をする

「普通給与」とは「月給」のことです。俸給、給料、賃金、扶養手当、勤務地手当、特殊勤務地手当等の合計額とされています。

このことから、たとえば社長や、役員である配偶者などが高齢のため亡くなってしまったとき、退職金とは別に、会社から役員報酬の半年分の弔慰金等を支給することで、遺族の税負担を抑えることができ、より多くの金銭を遺族に残すことができます。

慶弔費支給の注意点

死亡退職金
＋
弔 慰 金

会 社

遺 族

死亡退職金（相続税の対象）
弔 慰 金（非課税）

どう区別する……？

●弔慰金として扱える限度額

・業務上の原因による死亡の場合
　➡ 死亡時の<u>普通給与の３年分</u>まで

・業務上以外の場合
　➡ 死亡時の<u>普通給与の半年分</u>まで

超えた分は「死亡退職金」に

※普通給与…俸給、給料、賃金、手当等の合計額

節税のプロのアドバイス

役員や従業員、そしてその家族のことを考えた慶弔金規程を作成しましょう。

23 中小企業退職金共済制度を活用する

中小企業はぜひ活用したい制度

🔍 節税しながら退職金の準備もできる

退職金は効果的な節税対策ですが、役員や従業員が退職したときにしか使うことができません。また、退職金は一時金で支払うという性質から多額の資金が必要ですが、従業員の退職時に手元の資金が潤沢かどうかは誰にもわかりません。

退職に備えて金融機関で毎月積立てを行うという方法もありますが、積立預金では退職金の支払い準備ができるだけで、節税には一切なりません。

そこで、従業員の退職金については「**中小企業退職金共済制度（以下、「中退共」）**」を活用します。中退共とは、中小企業の共済制度です。**国の援助が受けられるほか、税制上も優遇されている**という特徴があります。

まず、会社は共済契約を結んだあと、毎月掛け金を支払います。

そして従業員が退職したとき、共済から従業員に直接、掛け金と納付月数に応じた退職金が支払われます。掛け金はすべて会社の経費となり、従業員が受け取る退職金は、一時金として受け取ればすべて退職金の税金の扱いとなります（分割で受け取ると「雑所得」になります）。

これは見方を変えると、従業員の退職金を分割で前払いし、それを先に経費に計上していることと同じです。

つまり、会社の節税と従業員の退職金の準備を同時に行うことができます。

🔍 役員は加入できない？

中退共は従業員のための退職金制度ですので、経営者は加入することができませんが、従業員として賃金を受けている人は対象となります。ただし、使用人兼務役員になれない人は対象外となります。

中小企業退職金共済制度の概要

中退共の加入条件

業種	常用従業員数	資本金・出資金
一般業種 （製造等）	300人以下	3億円以下
卸 売 業	100人以下	1億円以下
サービス業	100人以下	5,000万円以下
小 売 業	50人以下	5,000万円以下

- 掛け金は1人あたり月額5,000 ～ 30,000円まで
- 支払った掛け金の全額が会社の経費に
- 新規加入者は1年間、掛け金の一部を国が助成

  ※月額掛け金の2分の1（上限5,000円）を、加入後4カ月目から1年間。

- 掛け金を増額する場合も、1年間、国が助成

  ※18,000円以下の月額掛け金を増額（月額20,000円が上限）する場合、増額分の3分の1を増額月から1年間。

- 指定の金融機関や委託団体等で申し込み可能

節税のプロのアドバイス

加入できる企業や従業員についての条件を確認しておきましょう。

24 生命保険と退職金を組み合わせる

役員の退職金の賢い準備方法

🔍 「養老保険」を活用する

　前項の「中退共」は節税に活用することができますが、対象が従業員に限定されます。そこで役員の退職金については、**生命保険を退職金として活用して節税する**方法があります。

　「**養老保険**」は満期時に満期保険金として支払われる生命保険で、特徴は満期保険金の受取人を法人、死亡保険金の受取人を役員や従業員本人、またはその遺族とすることで、支払った保険料の半額が会社の経費、半額が資産計上される点です。ハーフタックスプランと呼ばれています。

🔍 ただの繰延べにならないよう注意

　令和元年に、新規加入する定期保険や、いわゆる第三分野の保険の損金算入額が大きく見直される改正がありましたが、養老保険の扱いは据え置きとなりました。養老保険の満期保険金は計上した資産と相殺されますので、経費とした分が法人の収益となります。

　このように**法人が特に目的を定めずに保険を契約するとただの課税の繰延べ**（税金がかかるタイミングをずらしただけ）で終わってしまいます。

　これを役員退職金の節税として活用するには、役員の退職年度と保険の満期期間を合わせるか、中途解約した場合の返戻金が一番多い時期に合わせて保険を契約し、退職までは保険料の半分を経費として計上します。

　そして退職のとき、満期保険金（あるいは解約返戻金）が入る同じ事業年度に多額の役員退職金を計上することで、保険金による収益と経費が相殺されて多額の法人税等が発生することを防ぎます。

　なお、積み立てるタイプの保険は、契約内容によっては解約返戻金の範囲内で保険会社から資金の融資を受けることができます。

長い目で見て保険を活用しよう

養老保険（ハーフタックスプラン）の仕訳

例：保険料20万円を支払ったとき

借　方		貸　方	
保険料	10万円	現金預金	20万円
保険料積立金	10万円	―	―

生命保険を活用した節税

例：法人所得が年間800万円のときの、10年間の法人税等

	1年目	2年目	……	9年目	10年目	計
法人所得	800万円	800万円	……	800万円	800万円	8,000万円
法人税等	264万円	264万円	……	264万円	264万円	2,640万円

例：上記の法人で、1年あたり400万円（経費は200万円）の保険料を支払ったときの、10年間の法人税等

	1年目	2年目	……	9年目	10年目	計
保険料に よる経費	200万円	200万円	……	200万円	200万円	2,000万円
課税所得	600万円	600万円	……	600万円	600万円	6,000万円
法人税等	198万円	198万円	……	198万円	198万円	1,980万円

1年間の法人税等は約198万円（600万円×約33％）、10年間で約660万円（2,640万円－1,980万円）の節税となります。
さらに10年後、保険解約時の返戻金が4,000万円(※)になるとした場合、10年後に保険を解約し、役員退職金2,000万円（10年後に退職）を支給することで、返戻金による収益を抑えることができます。
※通常は保証があるため、保険解約時の返戻金は4,000万円とはなりませんが、ここでは便宜上払い込み金額と同額とします。

 節税のプロのアドバイス

単に保険に入るだけではなく、役員退職金の支払い時期と合わせて検討しましょう。

勤続年数が6年以上かどうかで 大きく変わる役員退職所得

　P47で退職金を役員個人へ支払った際の退職所得の計算式をお伝えしました。退職所得の金額は、その年中に支払を受ける退職手当等の収入金額から、その者の勤続年数に応じて計算した退職所得控除額を控除した残額の2分の1に相当する金額とされています。ただし「特定役員退職手当等」に該当する退職金については、この残額の2分の1とする措置はありませんので注意が必要です。

　「特定役員退職手当等」とは、役員等勤続年数が5年以下である者が、退職手当等の支払者から、その役員勤続年数に対応する退職手当等として支払を受けるものをいいます。

　「役員等勤続年数」とは、役員等に支払われる退職手当等の勤続期間のうち、役員等として勤務した期間（以下「役員等勤続期間」といいます）の年数のことですが、1年未満の端数がある場合には、その端数を1年に切り上げる必要があります。

　たとえば、役員等勤続期間が4年10カ月の場合は、役員等勤続年数が5年となることから、特定役員退職手当等に該当します。したがって、この役員等に対する退職金については、
　（退職金の額―退職所得控除額）　で計算します。

　役員等勤続期間が5年2カ月の場合は役員等勤続年数が6年となることから特定役員退職手当等には該当しません。したがって、この役員等に対する退職金についてはP47の通り、
　（退職金の額―退職所得控除額）×1／2で計算します。

Chapter

4

福利厚生費で
節税する

社員旅行や食事手当などの福利厚生は、その額や支給方法に
さえ注意すれば、節税のみならず、社員の満足度やモチベー
ションのアップにもつながります。

社員旅行に行く際の注意点

一定の範囲内であれば経費に

🔍 場合によっては現物給与扱いになる

　社員旅行をするときに考えなければならないのは、会社が負担する旅行代金が、役員や従業員に対する**現物給与**にあたらないかどうかです。**給与とは金銭だけでなく、会社が個人の代金を負担するなどの経済的な利益の供与も含まれます**（→ P26）。

　もし社員旅行が現物給与にあたるときは、会社が負担する旅行代金に相当する給与を支給したとみられてしまいます。役員であれば、会社の経費にもなりません。

　しかし、社員旅行はごく一般的に行われている会社のレクリエーション行事の１つであり、通常その価額は少額です。しかも皆で一緒に行く旅行ですから、参加者にとってお金のように自由に処分できる利益を受けたというわけでもありません。このことから、**一定の範囲内の社員旅行については現物給与としないこと**が国税庁より示されています。

🔍 現物給与とされない社員旅行の要件とは

　現物給与とされない社員旅行とは、以下のすべての要件を満たすものをいいます。

- 旅行期間が「４泊５日以内」であること
- 全社員の「50％以上」が参加すること
- 高額な旅行でないこと
- 旅行の不参加者に代わりの金銭を支給しないこと

　なお過去の国税不服審判所の裁決事例では、会社が１人あたり241,300円の海外旅行費を負担し、これを給与扱いとしたケースや、九州旅行で約192,003円の会社負担を給与としたケースもあります。

給与課税されない社員旅行の旅費

給与課税の対象とならない例

	事例1	事例2
旅行期間	3泊4日	4泊5日
費用 （うち会社負担）	15万円 （7万円）	25万円 （10万円）
参加割合	100%	100%

上記のとおりでなければ必ず給与になるわけではありませんが、
おおむね会社負担額が10万円以内になることを目安にしてください。

現物支給とされない社員旅行の要件

 旅行期間が「4泊5日以内」であること

 高額な旅行でないこと

 全社員の「50％以上」が参加すること

 旅行の不参加者に代わりの金銭を支給しないこと

 節税のプロのアドバイス

豪華な旅行は給与課税の対象になることがあるので注意しましょう。

26 永年勤続者の表彰を行う

社会通念上相当であるかが重要

🔍 給与扱いにならない条件とは？

　会社では従業員の定着率を向上させるために、長い間勤務した者を永年勤続者として表彰することがありますが、条件を満たしていないと給与扱いになり、受け取った個人に所得税・住民税がかかるおそれがあります。

　条件は、**現金ではなく旅行や観劇等への招待、記念品等の支給であること、勤続期間等に照らし合わせて社会通念上相当と認められる金額以内であること、おおむね10年以上の勤続年数の者を対象としていること、2回以上の表彰をするときは5年以上の間隔をおいて行われるものであること、**といったものになります。条件を満たしていない役員への支給の場合には役員賞与となり、やはり経費として認められません。

　商品券は現金の支給と同等ですので、注意してください。旅行券は、1年以内に旅行を実施し、使わなければ返還するという条件で、かつ、支給した旅行券の額からみて相当な旅行であれば給与になりません。ただし、旅行の概要を記載した報告書を会社に提出してもらう必要があります。

🔍 創立記念品の場合

　創立○周年などのときに会社から従業員に記念品を配るときは、その記念品が社会一般的にみて記念品としてふさわしいものであること、処分見込価額による評価額が税抜1万円以下であること、一定期間ごとの行事で支給するものはおおむね5年以上の間隔をあけること、という条件にあてはまるものなら給与として扱わなくてかまいません。

　なお記念品を元従業員に一律に支給してもかまいません。そのときは従業員と同じ基準で支給します。支給相手が取引先や関連会社の社員などの場合、その分は福利厚生費ではなく交際費として扱います。

給与所得にならないための条件

永年勤続表彰の場合

現金・商品券 NG	妥当な金額
5年以上 間隔を置く	10年以上の 勤務者を対象

創立記念品の場合

現金・商品券 NG	妥当な金額 （1万円以下）
5年以上 間隔を置く	元従業員への 支給可能

節税のプロのアドバイス

表彰や記念品の贈答が給与課税されないように気をつけましょう。

制服がある会社なら社名や社章を入れておく

制服と認められれば福利厚生費に

🔍 制服と主張すればどんな服でもいいわけではない

会社が支給する制服は、法令によって所得税や住民税が非課税になることが明記されています。

ここでいう制服とは、警察官や自衛官などのように制服を着用する必要がある仕事の場合だけでなく、**一般的な事務服や作業服なども含めること**としています。しかし、制服として言い張れば、どのような服を支給してもよいわけではありません。

会社の制服の購入費を福利厚生費にできるかどうかのポイントは、**通常の職務を行う上で着用するものであること、私用には着用しない（あるいは着用できない）ものであること、そして制服を着用する仕事に従事する者全員に支給あるいは貸与されていること**にあります。勤務場所のほか私用でも着用できるようなものであれば、現物給与になるおそれがあります。

一番良いのは、制服の外見からその会社の社員であることがわかるようなデザインであることなので、判定が難しい制服には、社名や会社のロゴマークを入れるなどしておきましょう。

🔍 スーツは制服にならない

「事務服や作業着が経費になるなら、スーツもいいのでは」というご質問をいただくことがあります。残念ながら、**スーツは制服になりません。**スーツはその見た目から冠婚葬祭などでも着用可能なので、会社でスーツを購入して従業員に支給した場合、現物給与として扱うことになります。

とある市役所で、胸ポケットのふたにロゴを刺繍して制服としていたものの、胸ポケットのふたを簡単に収納でき、どこの役所の制服かわからない状態にできるものだったため、国税庁から指摘されたケースもあります。

制服を福利厚生費にするポイント

制服・作業着 → 現物給与にならない ⋮ 所得税 住民税 → **非課税に**

Point

- 通常の職務を行う上で着用するもの
- 私用には着用しない（できない）もの
- 制服を着用する仕事に従事する者全員に支給あるいは貸与されている

判別が難しければ社名やロゴマークを入れる!

 節税のプロのアドバイス

制服の支給が個人への現物給与と認定されないように注意しましょう。

従業員に食事手当を支給する

条件はシビアだがお得な小技もアリ

🔍 月に3,500円（税抜）以下の負担なら経費に

従業員に食事を支給する場合、「会社の負担額が月3,500円（税抜）以下であり、かつ、役員や従業員が食事代の50%以上を負担していること」または「残業、日直、宿直などの勤務時間外労働に対する食事の支給であること」のどちらかの条件を満たせば福利厚生費として経費にすることができます。

いずれも現金での支給でないことが必要です。ただし、深夜勤務者に対する食事であれば、1食あたり300円（税抜）以下の現金支給が認められます。

会社の負担額が月3,500円（税抜）以下であるかどうかは、「食事の価額－役員・従業員が負担している金額」の1カ月分が3,500円（税抜）以下かどうかで判定します。ここでいう「**食事の価額**」は、弁当などを会社が購入して支給する場合は、会社から業者に支払う金額となります。これに対し、社員食堂などで会社が調理した食事を支給する場合は、材料費など調理にかかった費用の合計となります。

🔍 お昼を挟む会議の弁当代は「会議費」

福利厚生費の範囲内で提供できる食事代は、かなりシビアです。ところが、昼を挟む会議で参加者に弁当を用意した場合、その金額は「会議費」として、3,500円に含めることなくすべて経費とすることができます。社外の参加者がいても接待ではないため交際費にあたりません。これはどんどん活用しましょう。

また、出張手当として支給される日当に食事代が含まれている場合は、「旅費交通費」としてすべて経費とすることができます。

食事手当の課税・非課税の事例

1カ月あたりの食事代

1食400円×20日分＝月8,000円で考えよう
※金額はすべて税抜価格

OKな例

会 社 負 担 額：3,500円
従業員負担額：4,500円

8,000円－ 4,500円＝3,500円
≦3,500円

4,500円÷8,000円≒56%
≧50%

会社負担の3,500円は非課税
400円相当の食事が
225円に！

NGな例

会 社 負 担 額：5,500円
従業員負担額：2,500円

8,000円－ 2,500円＝5,500円
≧3,500円

2,500円÷8,000円≒31%
＜50%

会社負担の5,500円が課税
5,500円＋消費税が個人課税

 節税のプロのアドバイス

従業員の負担を減らすことで、
社員満足度のアップにもつながります。

29 福利厚生施設は全社員が利用できるようにする

入会金の経理上の扱いに注意

🔍 特定の人間だけが利用すると経費にならない

　レジャークラブなど外部の施設を、会社の福利厚生施設として契約して利用することがあります。このとき、契約や利用の方法によっては、その入会金や年会費などを、役員や従業員の給与としないことができます。

　給与としないためには、まず**レジャークラブ等を利用する人が特定の役員や従業員だけにならないようにすること**が必要です。社内で福利厚生施設の利用規程を作成するなどして、すべての役員・従業員が利用できるよう周知しておきましょう。それから、**利用したい施設に個人会員と法人会員がある場合は、必ず法人会員に加入してください**。法人会員があるのに個人会員に加入したときは、加入した個人の給与となります。

🔍 入会金は「利用規約」を確認しよう

　福利厚生施設の経理は、**入会金と年会費で分けて考える必要があります**。まず入会金は、原則、資産計上が必要となり、減価償却はできません。ただし、会員としての有効期限があり、かつ、脱退するときに入会金が返還されない契約になっていれば、その入会金は繰延資産という扱いになります。このとき、入会金が20万円未満であれば、資産計上せずに一時的に損金に算入することができます。20万円以上のときは、繰延資産に計上し、会員有効期間で償却します。有効期間があるか、返還されるかどうかの2点を、まずは利用規約で確認しましょう。

　年会費（年決めのロッカー料などを含む）は、前述した要件を満たせば「福利厚生費」としてすべて経費にすることができます。ただし、**福利厚生施設を取引先の接待に使う場合、その費用は「交際費」になります**。交際費になれば、損金算入額に上限があります（→ P81 ～ 100）。

レジャークラブ等を活用する

① 法人契約する

会社

皆で使おう！

② 社員全員が利用

全社員

福利厚生施設

①、②等の条件を満たせば「福利厚生費」として経費計上可能

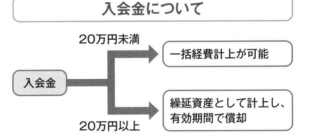

入会金について

入会金

20万円未満 → 一括経費計上が可能

20万円以上 → 繰延資産として計上し、有効期間で償却

節税のプロのアドバイス

役員や従業員全員に周知し利用してもらうことが大切です。

30 社葬を執り行う

社葬を行うに相当な場合は経費に

慶弔関係の規定をあらかじめ作成しておく

社葬とは、会社が費用を負担して行う葬儀のことです。会社に功労のあった役員や従業員が亡くなったときに行うことがあり、会社と遺族の合同葬とするケースが一般的です。その役員や従業員が社葬を行うのにふさわしく、その金額が社会通念上相当と認められる範囲内であれば、社葬費用は福利厚生費として会社の経費になります。

経費になるのは、葬儀社への支払い、読経料、弔問客の飲食費や送迎費用などです。どのような役員や従業員を社葬の対象とするか、あるいはどこまでの支出を社葬費用とするのかは、あらかじめ慶弔関係の規定を作成して整理しておくと良いでしょう。社葬の際に受け取った香典は、どちらが受けても税務上は問題ありません。会社が受け取った場合は収入扱いとなりますが、遺族が受け取った香典については、課税するには相応しくないので非課税財産として扱われます。

香典返しの費用についても、香典を受け取った遺族の方が負担する場合と会社が負担する場合があります。ただし、会社が香典返しを負担しても、経費にならないので注意してください。

本葬とは別に行ったものは経費にならない

社葬の費用は、たとえ弔問客に取引先がいても交際費にする必要はありません。しかし本葬とは別の機会で行ったものは、基本的に社葬の経費にならず、相手が取引先であれば、交際費になります。たとえば、葬儀後にホテルに移って行われた、いわゆる「おとき」の費用は、社葬費用に含まれません。したがって「おとき」のうち取引先を対象とするものは、交際費にあたります。

福利厚生費になるもの・ならないもの

社葬で福利厚生費になる主な支出

葬儀場の使用料	供花代	新聞広告費
会葬礼状費用	読経料（お布施）	弔問客の送迎費用
会場での飲食費用	交通整理、警備員費用	

社葬で福利厚生費にならない主な支出

家族葬の葬儀料	香典返し	戒名料
精進落とし、おときの費用	法要費用	墓・仏壇等の購入費用

節税のプロのアドバイス

福利厚生費になるものの範囲を把握しておきましょう。

健康診断は全従業員を対象にする

健康管理上必要な健診は経費になる

🔍 役員のみを対象にするものはダメ

　役員や従業員が受ける健康診断の費用は、本来は個人が負担すべきものになります。しかし、役員や従業員の健康管理も会社にとっては必要なことです。そのため、会社が健康診断の費用を負担しても、**すべての役員や従業員を対象としていること**、**診断内容が健康管理上必要であり常識的な範囲内であること**、**費用が会社から直接診断機関に支払われていること**といった条件をすべて満たすものであれば、会社が負担した健康診断の費用は、福利厚生費として経費になります。

　健康診断の対象が会社の役員のみであるような場合、その費用は福利厚生費ではなく健康診断を受けた役員個人の給与となります。

🔍 常識的な範囲なら人間ドックもOK

　ただしこれは、全員に同一の健康診断を受けさせなければならないというものではありません。

　一定年齢以上の希望者にのみ限定して実施する検診であっても、費用は福利厚生費として認められます。**健康診断を受ける機会が役職等にかかわらず平等であること**が大切なのです。

　そもそも会社は常勤の労働者に対して、雇用時や1年以内ごとに1回の健康診断を実施しなければならないことが労働安全衛生法によって義務付けられています。法律で義務付けられている程度の健康診断は、健康管理上必要なものですので、給与として扱われる範囲のものにはあたらないと考えられます。

　なお、2日間の人間ドックによる検診（一般的に実施されている程度のもの）を給与としない旨を示した国税庁の回答もあります。

健康診断を福利厚生費にするポイント

病院

会社が支払う

会社

皆年1回
受診しよう!

全従業員対象

現金支給NG

従業員負担NG

**その他の
ポイント**

診断日数が2、3日以内

常識外れに高額でない

節税のプロのアドバイス

**従業員の健康管理を行いつつ、
給与課税されないよう気をつけましょう。**

32 忘年会の費用負担は一次会までにする

飲食費の税法上の区別を確認しておく

🔍 会社が負担する飲食費は「福利厚生費」「交際費」「会議費」

会社の新年会や忘年会で会社が負担した飲食代は、社会通念上、常識的な範囲の金額であれば、福利厚生費として経費になります。

会社が負担する会合の飲食費は、「福利厚生費」「交際費」「会議費」の3つの区分で考えることがポイントです。金額が常識的なものであれば、会社全体で行う行事としての飲食は「福利厚生費」、取引先の接待であれば「交際費」となります。そして意外かもしれませんが、**役員のみ・一部の従業員のみが参加する接待のための飲食も「交際費」になります。**

交際費は外部の人向けというイメージがありますが、社内の一部の人間に対する飲食費も該当します。つまり、飲食費の税務上の区別は、その会合に誰が参加するかが非常に重要なのです。

🔍 忘年会等の費用が交際費になる場合も

会社の忘年会や新年会であっても、それが、**すべての役員・従業員を対象としていなければ交際費と認定されてしまう可能性があります。**

また、二次会・三次会は、基本的に有志のみが参加するものなので、交際費扱いになります。忘年会や新年会で会社が費用を負担するのは、一次会までにしてください。

取引先などの接待のための飲食費は1人あたり1万円以下であれば、交際費にならないのですが、「社内飲食費」についてはそのルールが適用されません。「社内飲食費」とは、その会社の役員や従業員、親族の接待のための飲食費です。よって、一部の者で開催した忘年会や新年会、有志のみが集まった二次会・三次会の費用を会社が負担した場合、たとえ1人あたり1万円以下でも、交際費となってしまいます。

ケースによって飲食代の科目は変わる

交際費
- 社外の人向けの接待代
- 社内の一部の人のみで実施される飲食代

福利厚生費
- 全社的に実施される飲食代

会議費
- 会議中にもてなされる飲食代

**飲食代の科目の判断は
誰に対するものかが重要**

 節税のプロのアドバイス

**福利厚生費や会議費を誤って
交際費処理しないように注意しましょう。**

「少額不追求」を理解して 福利厚生費を正しく活用しよう

　福利厚生費をうまく活用すると、優秀な人材の確保や定着率アップに役立てることができ、さらに支払った金額はすべて会社の経費になります。しかし節税できる税額以上に資金が社外に流出するので、会社に資金を残すという意味での節税にはなりません。

　しかも福利厚生のやり方を誤ると、会社から個人に経済的な利益を与えたとして、給与としてみなされてしまうおそれもあります。

　福利厚生費は、給与ではなく福利厚生費になる範囲で使うことに意味があります。そのためには、「現物給与」の「少額不追及」の範囲を知ることが重要になります。

　現物給与とは、会社から物品を与えたり、個人が支払う費用を会社が代わりに負担したりするなど、お金でない経済的な利益を会社から役員や従業員に与えることをいいます。

　現物給与にも個人の所得税・住民税はかかるのですが、現金に比べて用途が限られること、会社の取り組みとして一般的なこと、通常は少額であることから、「少額不追及」という国税庁の考え方によって、給与として扱わなくてよいとされています。つまり福利厚生費として処理してよいということです。

　福利厚生費となる範囲を正しく理解すれば、余計な税金を支払うリスクを避けながら、会社の福利厚生を向上させることができるのです。

Chapter

5

交際費で
節税する

交際費はその定義も広く、経費にできる上限額も設定されている扱いが難しい費用です。交際費とするのか、他の項目で支出するのか、適切な判断ができるようになりましょう。

33 交際費の定義を 理解しておく

経費にできる額に限度があるのはなぜか

🔍 税法上の交際費はかなり広義

交際費というと、取引先の接待というイメージが強いと思いますが、税法でいう交際費が指すものは、もっと広範囲です。

税法上の交際費とは、**会社が事業に関係のある者への接待、供応、慰安、贈答などのために支出する費用**をいいます。

支出する相手は、得意先や仕入れ先の他、社内の役員、従業員、株主、子会社の役員や従業員、融資先の金融機関なども含まれます。「社内の人間も交際費の対象になるの?」と思われるかもしれませんが、一部の役員や従業員への慰安や接待の目的で支出した費用は、税法では交際費にあたります。**交際費にあたるかどうかは、会社がどんな勘定科目で会計処理していたかは関係ありません。**たとえ福利厚生費で処理していても、中身が交際費なのであれば、法人税等の計算では交際費として扱います。税法上の交際費は会計上の交際費よりも範囲が広いのです。

🔍 交際費は租税回避に利用されやすい!

交際費は、**会社の経費にできる額に限度があります。**限度額を超えた分は、1円も経費にならず、法人税等がかかります。なぜ限度額のルールがあるのかというと、交際費は租税回避に利用しやすいからです。たとえば黒字会社の社長が「法人税を払うぐらいなら従業員や取引先とゴルフや飲食、贈答をして経費として使ってしまおう」ということもできてしまいます。それに歯止めをかけるのが限度額なのです。

交際費で節税するコツは、交際費になるもの・ならないものの境界線を知り、そのまま支払うと交際費になるけれど、ポイントを押さえて支払えば交際費にあたらないケースを事例でつかんでいくことにあります。

税法上の交際費にあたると増税になる！

| 例 | 資本金1,000万円の会社 |

- 売上高　1億5,000万円
- 売上原価　5,000万円
- 販売費および一般管理費等の費用　7,000万円

この会社の税引前の利益は3,000万円です。
法人税等をこのまま計算すれば、約990万円（3,000万円×約33％）になります。
では、費用の内訳を見てみましょう。

（内訳）	
給　　　与	2,500万円
法定福利費	300万円
福利厚生費	500万円
旅費交通費	1,000万円
地 代 家 賃	1,200万円
広告宣伝費	500万円
交　際　費	800万円
雑　　　費	200万円

もしこの会社で、広告宣伝費のうち300万円、福利厚生費のうち200万円が交際費と認定された場合、この300万円と200万円は経費（損金）になりません。
この場合、税法上の所得は3,500万円（3,000万円＋300万円＋200万円）になり、法人税等は約1,155万円（3,500万円×約33％）となります。
これが税務調査で発覚した場合は、追加で差額の税金を納める必要がある上、差額分に対して延滞税や加算税もかかります。

節税のプロのアドバイス

延滞税や加算税を払わないよう
慎重に検討しましょう。

34 資本金を小さくして交際費を経費にする

資本金１億円以下は年間800万円の控除に

🔍 資本金が少ないほど有利に

交際費がいくらまで経費になるかは、法人の期末の資本金の額で変わります。期末における資本金や出資金の額が1億円以下の会社は、①年間800万円の控除か、②接待飲食費の50％のどちらかまで、交際費を会社の経費にすることができます。

①と②はどちらか有利なほうを選択してかまいませんが、年800万円のほうが多くの交際費を経費にできることが一般的です。ただしこの800万円は、12カ月あたりのものですので、設立初年度など事業年度が12カ月未満のときは、「800万円×その事業年度の月数÷12カ月」で計算し、１カ月に満たない月は、切り上げて１カ月とします。

資本金の額が１億円を超える法人は接待飲食費の50％の一択となります。なお、資本金が100億円を超える会社は、令和２年４月１日以降に開始する事業年度から、交際費を経費にできないことになりました。

🔍 期中の減資でも適用される

上記の理由で、資本金が１億円を超える会社では減資をして１億円以下にすると、節税することができます。しかも資本金の額は期末の時点で判定しますので、期中に減資して１億円以下にすれば、その期は年800万円まで経費にできるようになります。

ただし、減資をするにしても株主総会の特別決議の手続きが必要だったり、登記費用などがかかったりするため、これから子会社や関連会社を設立する際は、はじめから資本金をなるべく小さくすることが節税のポイントです。ただし資本金が１億円以下でも、資本金の額が５億円以上の会社の100％子会社であるときは、１億円超えの会社と同じ扱いになります。

交際費等の損金算入限度額

交際費等の損金算入限度額 （令和2年4月1日以降開始の事業年度）

期末の資本金の額	損金算入限度額
1億円以下	・年800万円の控除 ・接待飲食費の50%まで損金算入 **どちらか有利なほうを選べる！**
1億円超～100億円以下	・接待飲食費の50%まで損金算入
100億円超	全額損金不算入

交際費の損金算入ルールの変遷

開始事業年度	資本金の額が1億円以下の法人	左記以外の法人
平成15年 4月1日～	年400万円 （損金算入割合 90%）	全額損金不算入
平成21年 4月1日～	年600万円 （損金算入割合 90%）	全額損金不算入
平成25年 4月1日～	年800万円 （損金算入割合100%）	全額損金不算入
平成26年 4月1日～	・年800万円 （損金算入割合100%） もしくは ・接待飲食費の50%	接待飲食費の50%
令和2年 4月1日～	・年800万円 （損金算入割合100%） もしくは ・接待飲食費の50%	・資本金等が100億円を超える法人 →全額損金不算入 ・それ以外の法人 （1億円以下の法人を除く） →接待飲食費の50%

※資本金等の額は期末時点で判定
※損金不算入割合……支出のうち、経費にできる割合のことです

 節税のプロのアドバイス

中小企業の経費になる交際費の上限は800万円と覚えておきましょう。

35 飲食費は1人あたり 1万円以下にする

令和6年4月から5000円以下→1万円以下に

🔍「少額飲食費」のルールを活用する

　交際費で節税するコツは、交際費になるもの・ならないものを知り、なるべく交際費にならない方法で支払うことがポイントです。そのために絶対に押さえていただきたいのが「少額飲食費」のルールです（→ P78）。

　少額飲食費とは、1人あたり1万円以下の接待飲食費のことで、税法上の交際費にあたりません。1万円以下かどうかは「飲食代÷参加人数」で計算します。つまり1人あたり1万円以下に抑えることができれば、取引先の接待のための飲食費でも交際費にカウントしなくてよいこととなります。ただし、1人あたり1万円を超えればその全額が交際費になります。超えた分が経費になるわけではないことに注意しましょう。

　なお、少額飲食費とするためには、1人あたり1万円以下であることを証明できるよう一定事項が記載されたレシート、領収書などを保存しなければなりません（右ページ参照）。

🔍「社内飲食費」には適用できない

「あれ？ 役員だけの食事会は交際費になるんだよね？」「ならそれを1人1万円以下でやれば少額飲食費になるから、いくらでも経費にできるじゃん！」と考えてしまいそうですが、それはできません。社内の人間やその親族だけで行われる飲食費（社内飲食費）は、少額飲食費の対象になりません。ただし、別会社の人の接待であればよいので、子会社や親会社、関連会社の人との接待飲食費は少額飲食費の対象になります。

　1万円以下の金額に消費税を含めるかどうかは、会社の消費税の処理が税込経理方式であれば税込で、税抜経理方式であれば税抜で判定します。したがって、節税上は税抜処理方式のほうが有利です（→ P100）。

少額飲食費の書類の保存要件

保存しておかなければならない書類の記載事項

①飲食等の年月日
②飲食等に参加した得意先、仕入先その他事業に関係のある者等の氏名
　または名称およびその関係
③飲食等に参加した者の数
④その費用の金額並びに飲食店等の名称および所在地（店舗がない等の
　理由で名称または所在地が明らかでないときは、領収書等に記載され
　た支払先の名称、住所等）

※領収書などに記載されていない②や③は、裏面等に記載してください。

少額飲食費の対象になるもの・ならないもの

対象になるもの	対象にならないもの （＝交際費になるもの）
・取引先の業務や行事の開催に際して差し入れる弁当代 ・飲食のためのテーブルチャージ料、サービス料として飲食店に直接支払うもの ・飲食したあとにその店で購入した持ち帰り用の飲食物（お土産代）	・社内飲食費（もっぱら法人の役員・従業員またはこれらの親族に対する接待等のために支出する飲食費） ・飲食店への送迎費 ・ゴルフ・観劇・旅行（国内・海外）等の際に行われる飲食費 ・飲食物の詰め合わせの贈答品

 節税のプロのアドバイス

**税務調査に備えて、日頃から
書類を完備しておきましょう。**

36 交際費相当額を 役員報酬として支給する

経費にならない分はあらかじめ給与に上乗せる

🔍 上乗せした給与から交際費を支払う

　毎年度交際費が800万円を超える会社は、交際費のうち他の費用として計上できるものを区別することで、その分節税することができます。そこで、**交際費に相当する額を役員報酬に上乗せして、毎月給与として支払う**という方法があります。交際費として会社から支出する金銭を、経費になる給与に変えるということです。支給を受けた役員は、その給与の中から交際費を支払います。

　このとき、給与として支給した交際費は、精算してはいけません。あくまで、受け取った本人が給与の中から支払うことが必要です。

🔍 3つの注意点

　この方法を使うときは、次の3点に注意してください。

　1つ目は、役員報酬を**定期同額のルールで支給すること**。年の途中で金額を上乗せしたり、減らしたりすると、会社の経費にならない金額が出てきます。経費にならなければ、給与支給する意味がありません。

　2つ目は、個人にかかる税金（所得税・住民税）の負担増です。たとえば月10万円を上乗せした場合、節税できる法人税等は約39万6,000円になりますが、個人の税負担がそれ以上に増えてしまうケースもあります。社会保険料や会社の法定福利費も、標準報酬月額が変わることで増額になります。**他税の節税額と比較してこの制度の導入を検討してください。**

　3つ目は、**従業員の給与への上乗せは慎重に判断することです。**従業員の給与の額は会社と本人との合意で変更できますが、後になって交際費が下がり、会社が給与の上乗せをやめたいとなったとき、減額に合意してくれず元に戻しづらくなることが考えられるからです。

交際費を給与とするときの具体例

交際費を給与とすることで節税になる具体例

役員A（役員報酬月43万円）に月2万円を上乗せする場合

【法人税の節税額】　約7万9,200円（2万円×12カ月×約33%）

【増額前のAの個人負担】・所得税と住民税…39万5,900円

　　　　　　　　　　　　・社会保険料…約79万円

【増額後のAの個人負担】・所得税と住民税…43万4,300円

　　　　　　　　　　　　・社会保険料…約79万円

月額	年額	給与所得控除	給与所得	社会保険料	基礎控除	課税所得
430,000	5,160,000	1,472,000	3,688,000	790,944	480,000	2,417,056
450,000	5,400,000	1,520,000	3,880,000	790,944	480,000	2,609,056

月額	所得税	住民税	住民税	税金
430,000	144,200	246,700	5,000	395,900
450,000	163,400	265,900	5,000	434,300

A個人の税負担は3万8,400円増えますが、法人ではそれを上回る節税効果が得られます。
ポイントは、社会保険料の等級です。
社会保険料は1万円〜6万円ほどの金額幅で標準報酬月額の等級が上がります。
等級が上がると、個人負担の社会保険料と会社負担の法定福利費が上がります。
したがって、この等級が変わらない範囲の増額を目安にするとよいでしょう。
1人の役員で5万円プラスして等級が上がるのであれば、2人に対して2万円と3万円のように分散して、等級を上げないほうがよいということです。

 節税のプロのアドバイス

役員、従業員の給与とする場合、3つの注意点を必ず頭に入れておきましょう。

37 取引先との旅行中に会議も実施する

会議のための交通費、宿泊費として扱える

🔍 会議としての実体があることが条件

　会社の成長のためには、取引先との良好な関係づくりが不可欠です。そのため重要な取引先については、招待旅行などを会社で行うことがあります。このとき、取引先を旅行に招待するために会社が負担した交通費や宿泊費は全額交際費となります。理由は、旅行が接待のために行われているからです。

　しかし、その旅行の際に、併せて新製品の説明や販売技術の研究などのための会議を取引先と行った場合、その交通費や宿泊費は交際費ではなく会議費として処理することができます。会議場への交通費や宿泊費は、会議に参加するために必要な費用だからです。

　途中に参加した娯楽などのための費用は別途交際費にしなければなりませんが、全額を交際費としなくてよいため節税になります。

　この処理を行うには、その会議に「会議としての実体」があったことが求められます。たとえば数日間の旅行のうち、初日に1時間だけ会議室を借りただけという記録しかなければ、会議の実体が疑われてしまい、会議室のレンタル費用などは会議費にできても、宿泊費や交通費は交際費とされる可能性があります。会議の日程表や会議録などの資料を整備し、税務調査で会議があったことを証明できる資料を残しておきましょう。

🔍 旅行中の食事代の扱い

　会議中の弁当などは会議費となりますが、夜の宴会等で負担した飲食費は、基本的に交際費になります。また、旅行や観劇などの際に行われる食事は旅行や観劇と一連の接待ですので、少額飲食費の判定をすることはできないことに注意してください。

会議なら何でもいいわけじゃない

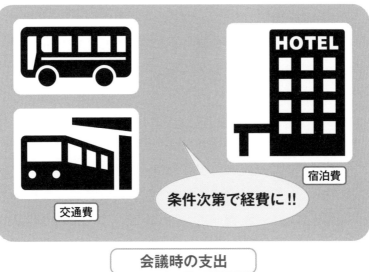

宿泊費

交通費

条件次第で経費に!!

会議時の支出

有　　　事業への関係　　　無

会議費　　　　　　　　経費にできない

事業に関係しているかどうかが重要

事業に関係があっても会議の実体がないと交際費扱いです

節税のプロのアドバイス

**製造業者が特約店を招待する場合などは、
ぜひ活用してほしい節税策です。**

38 販売手数料が交際費に ならないようにする

事前に契約として明記しておく

🔍 セールスマンに支払う販売手数料

　製造会社や卸売会社では、売上を拡大するために、自社や特約店、代理店などの専属セールスマンに販売を委託することがあります。

　セールスマンには、その契約内容に応じて報酬が支払われますが、業績優秀なセールスマンに対しては、会社の臨時的な判断で、契約にない販売手数料を支払うこともあるでしょう。

　しかし、このような臨時の支払いをすると、セールスマンに対する交際費として扱われてしまいます。これは、セールスマンの役務への対価ではなく謝礼とみなされるからです。

　しかし、こうした販売手数料を支払うことがある旨をあらかじめ契約書などに書いていれば、それは謝礼ではなく、取引上の正当な対価ですから、支払手数料（報酬）として経費になります。

　報酬であれば、「（報酬−月12万円）×10.21％」の所得税等の源泉徴収の対象になることから、交際費の対象からは外すことになっているのです。このため、交際費としない販売手数料を支払ったときは、同時に源泉徴収をしなければならないことに注意してください。

🔍 交際費にならないよう注意したい支出はほかにも

　特約店の従業員等に報奨金を支払った場合など、それが契約書に記載されていなければ交際費となるケースは他にもあります。

　交際費の扱いにならないよう、どのくらい（あるいはいくら）販売すれば販売手数料や報奨金を臨時で支払うのか、期間や条件を設定して契約書に明記しておきましょう。そうすれば、臨時に支払う金銭があっても交際費となることはありませんし、セールスマンの励みにもなるでしょう。

交際費にならないもの①

①専属セールスマンのレクリエーション費等

- 慰安のために行われる運動会等のために通常要する費用
- セールスマンまたはその親族等の慶弔、禍福に際し一定の基準に従って交付する金品の費用

上記は源泉徴収の対象にもならないとされています。

②特約店の生命保険料

特約店の従業員全員を対象とする掛け捨ての生命保険や損害保険の保険料を負担する場合は、交際費として扱わないとしています。

特約店等への販売促進のために金品を交付することは、販売促進費として交際費にあたらず、保険料もこれと同視されるためです。

ただし、役員のみ、一部の従業員のみを対象にすると交際費になります。

③見本品費

得意先に対して、商品の見本品や試用品を交付しても、交際費になりません。
これは広告宣伝効果を意図しているため、接待や贈与にあたらないからです。

④下請企業従業員のレクリエーション費等

下請企業の従業員のための以下の支出は、業務委託のための費用にあたるので交際費にはなりません。

- **表彰** 工場や工事現場などで無事故記録が達成されたことなどに伴う表彰の際に、自社の従業員とおおむね同一の基準で支給する金品の費用
- **災害見舞金** 工場や工事現場などで業務の際に災害を受けたとき、自社の従業員に準じて支給する災害見舞金
- **レクリエーション** 検針員、集金員など、自社の業務の特定部分を継続的に請け負っている企業の従業員で、専属的にその業務をしている者の慰安のために行われる運動会、演芸会、旅行等のために通常要する費用
- **慶弔費** 自社の従業員と同等の事情にある専属下請先の従業員やその親族等の慶弔、禍福の際に、一定の基準に従って支給する金品の費用

 節税のプロのアドバイス

セールスマンへの支払いを交際費にしないよう契約書を作成しておきましょう。

景品費や広告宣伝費で
交際費を削減する

リベートも交際費としなくていい

🔍 カレンダー、手帳、タオル、うちわは広告宣伝費

　広告宣伝費や得意先へのリベート、販売促進のための景品費といった取引によくみられる支出は交際費になりません。こうした費用を区別するだけで、交際費を削減することができます。

　会社のカレンダー、手帳、タオル、うちわなどを配るときの費用は、広告宣伝費として、交際費としないことが認められています。

　リベートとは「割戻し」のことです。商品をたくさん購入してくれる得意先に、その売上高などに応じてキャッシュバックをしたり、売掛金を相殺したりすることをいいます。リベートは、商売ではごく一般的な行為であるため、接待とはいえず、交際費にあたりません。しかし、リベートと称して旅行や観劇への招待をしてしまうと、それは接待としての色が強すぎるので交際費になってしまいます。

　リベートで物を渡す場合も、単価がおおむね 3,000 円以下の少額なものや、得意先が棚卸資産や固定資産として販売・使用することがわかるもの（商品券などはダメ）であれば、それらが普段のリベートと変わらない基準で渡されている限り、交際費としなくてよいことになっています。

🔍 得意先に対するおおむね3,000円以下の景品費

　販売促進のために景品を付けて得意先と取引をするときの景品費も、本質はリベートと同じです。その単価がおおむね 3,000 円以下で、かつその種類や金額が得意先で確認できるものは交際費としなくていいことになっています。ビール券、図書券などであれば、もらえる景品の種類が決まっているので OK です。これに対して商品券や旅行券などは、たとえ単価が 3,000 円以下であっても交際費となります。

交際費にならないもの②

交際費にならない費用

福利厚生費	少額飲食費	会 議 費	取 材 費
寄 附 金	値引き・割戻し	広告宣伝費	給 与 等

リベートを交際費にするのならその都度支払うほうがいい

リベートとして旅行や観劇への招待をすると交際費になるとしましたが、通常、リベートはその都度支払うものです。

旅行や観劇などに招待するようなケースというのは、リベートを毎回支払わず、一定額まで貯めていたものと考えられます。

もしリベートをその都度支払わず、預り金として積み立てておき、一定額に達したときに得意先を旅行や観劇に招待したとき、交際費になるのは招待した日を含む事業年度です。

積み立てている間は、交際費にすらなりません。

中小法人の交際費は、事業年度ごとに年800万円の定額控除ができるしくみですから、リベートを積み立てると、使ったときに控除できる枠が一気に減ってしまいます。

したがって、リベートを交際費にするのであれば、積み立てずにその都度キャッシュバック等をしたほうが節税に有利となります。

 節税のプロのアドバイス

景品費やリベートなどを工夫して、交際費を削減しましょう。

40 情報提供料を交際費課税されないようにする

当初の契約が大事

🔍 相手が業者か一般の個人かで税項目が変わる

　顧客や仕入先など、取引に関する情報の提供や、取引の仲介、あっせんなどを受けて契約が成立したとき、情報提供などをしてくれた相手に情報提供料を支払うことがあります。このとき、相手が情報提供などを行う業者であれば、支払った情報提供料は会社の経費になります。

　しかし、**情報提供を業務としていない一般の個人に支払った金品は、交際費になります。**なぜなら、一般の個人に対するこうした支出は、謝礼金としての性質が強いためです。

　ただし、次の3つの条件をすべて満たす情報提供料であれば、たとえ個人に支払っても交際費となることはありません。

🔍 個人への情報提供料が交際費にならない条件

　条件とは、**①あらかじめ締結された契約に基づいて支払っていること、②契約により提供を受ける内容が具体的に明らかにされていて、この契約に基づいて実際にその情報提供などを受けていること、③支払った金品の価額がその提供を受けた情報に照らして相当と認められること**です。

　したがって、個人から情報提供等を受けるときは、交際費とみなされないように契約書を作成して情報提供料を支払うこと、そしてその契約書の中で情報提供料の計算根拠を明らかにしておくことが重要です。

　右ページに「情報提供に関する契約書」のひな型を記載していますので、会社で契約書を作成される際の参考にしてください。

　ただし、契約書に基づいた支払いであっても、売上先や仕入先の従業員に対して支払う場合は、交際費の扱いになってしまうので注意してください。

情報提供に関する契約書の記載例

情報提供に関する契約書（記載例）

<u>紹介者名●●を記載</u>（以下「甲」という）と株式会社○○(以下「乙」
という)は下記（1）の内容につき、甲が提供した情報により乙が契約
を締結した場合には乙が甲に情報提供料として下記（2）の金額（消費
税及び地方消費税込）を、甲が指定した期日までに支払うものとする。

（1）情報提供内容

（2）情報提供料

以上の契約の証として本契約書2通を作成し、甲及び乙は署名又は記名
押印し、甲乙がそれぞれ1通ずつ保管するものとする。

令和　　　年　　　月　　　日

　　　　　　　　　甲　　所在地
　　　　　　　　　　　　商店屋号
　　　　　　　　　　　　代表者名　　　　　　　　㊞

　　　　　　　　　乙　　所在地
　　　　　　　　　　　　商店屋号
　　　　　　　　　　　　代表者名　　　　　　　　㊞

節税のプロのアドバイス

経費とするために、事前に契約書を作成しておきましょう。

41 使途不明金と使途秘匿金を回避する

最悪の場合、支出額の90％が追徴課税される

使い道を明らかにしない「使途不明金」

交際費と似た費用に、「使途不明金」と「使途秘匿金」があります。

「使途不明金」とは、会社が交際費、機密費、接待費などで支出した費用で、その使途が明らかでないものをいいます。使途がわかっていても、あえて不明とする場合も使途不明金になります。

使途不明金はその全額が経費にならないため、全額経費としていた場合は、課税対象となる所得が増え、法人税等の追加分が生じます。これに延滞税や加算税が生じることもあります。

交際費・機密費・接待費等を支払うときは、必ずその使途を明確にできる領収書や請求書やメモ書き等の資料を残しておきましょう。

悪質性の高い「使途秘匿金」

「使途秘匿金」は、会社が支出した金銭のうち、相当の理由がなく、相手先の氏名・住所・支出の理由を会社の帳簿に記載していないものです。

支出の相手先さえ隠していることから、使途不明金よりも不正の疑いの強い支出と見られてしまいます。使途不明金と同様一切経費にすることができない上、使途秘匿金の40％の法人税が追徴課税されます。これは赤字会社であっても納税しなければならない非常に厳しいペナルティです。

もちろん「使途秘匿金」を全額経費として法人税等を計算していれば、法人の所得がその分増えますので、法人税等も増額となります。さらに税務調査で帳簿に嘘の記載をしているなど仮装や隠蔽があることがわかった場合は、重加算税といって、追徴される税金の35％・40％が追加で生じます。こうなると支出額の約90％が税金として取られてしまう最悪の事態です。

極力避けたい使途秘匿金

使途秘匿金

・40%の課税

・損金不算入による法人税等の追加

・重加算税・重加算金

支払い先の氏名・住所を
明らかにすれば ● ● ● ▶ 使途不明金

使途を
明らかにすれば
●
●
●

 使途秘匿金は
極力避ける！

交際費など

 節税のプロのアドバイス

支出に関する情報や資料は、必ず残しておきましょう。

節税したいなら会社の経理方式は「税抜」が鉄板！

P86 で紹介したとおり、交際費の金額計算は会社の消費税の処理が税込経理方式であれば税込で、税抜経理方式であれば税抜で判定します。したがって、節税の観点では税抜処理方式のほうが有利です。

少額飲食費の 1 人あたり飲食費 1 万円の判定の場合、税込経理方式では消費税込で 1 万円以下、税抜方式であれば消費税抜で 1 万円（消費税含め 1 万 1,000 円）以下となるためです

また、P84 で紹介した、中小企業の経費となる交際費の上限 800 万円についても、消費税の処理は税抜経理方式のほうが有利です。交際費の上限の判定が、税込経理方式では消費税込で年 800 万円まで、税抜方式であれば消費税抜で 800 万円（消費税含め年 880 万円）までとなるためです。

他にも、Chapter8 で紹介する「少額減価償却資産の損金算入」（年間合計 300 万円までなら 30 万円未満の資産を全額即時経費にできる→ P138）や、固定資産の減価償却の判定（→ P130）にも、同様に税抜経理方式が適用されます。

原則、取得価額が 10 万円以上のものは固定資産に計上して、減価償却（複数年で経費化していく処理）をする必要がありますが、10 万円未満のものは、全額を購入した年度の経費にすることができます。

この資産 10 万円以上の判定も、税抜方式であれば消費税抜で 10 万円（消費税含め 11 万円）以上となるため、やはり税抜経理方式のほうが有利になります。

Chapter

6

印紙税で
節税する

煩雑な手続きもなく、すぐに実施できるのが印紙税の節約です。節税できる額こそ大きくありませんが、日々の積み重ねが決算時に効いてくるので軽視は禁物です。

42 契約書には正しく印紙を貼る

まずは印紙税の基本を知る

🔍 印紙税の納税方法

　印紙税とは、文書の作成に対してかかる税金です。売買、金銭の貸借、預金、出資や会社設立など、経済活動に伴って作成される契約書、領収書、手形、有価証券や定款などの文書の作成に対して発生します。

　印紙税の額は、文書の種類と記載された金額によって変わるので、法律では印紙税がかかる文書の種類を1号から20号に分けて、税額とともに定めています。よく作成されるものは1号・2号にあたる「契約書」、17号にあたる「売上代金にかかる金銭の受取書」（例：領収書）です。

　書類の形式が契約書や領収書でなくても、中身が契約書や領収書の役割を果たすものであれば印紙税がかかります。

　印紙税は、①収入印紙を対象の文書に貼り、②その収入印紙に消印することで納税します。消印の場所は、収入印紙の彩紋と文書にかけて行います。消印に使う印鑑は、認め印でかまいません。署名（氏名や商号可）も消印として認められます。

🔍 印紙税を納めなかったときのペナルティ

　印紙税を納付していないことが発覚した場合、その印紙税と、印紙税額の2倍に相当する過怠税を負担することになります。つまり、**当初の額の3倍の徴収**が待っています。収入印紙を貼り忘れたときはもちろん、消印が無いときのペナルティも同じです。

　しかも、過怠税は経費になりません。特に消印忘れは単純なミスですので、相手に交付する前のチェック体制をつくることが大切です。調査の前に気がついたときは、「印紙税不納付事実申出手続」をすることで過怠税を印紙税の10％相当に抑える方法があります。

印紙税を納付していない場合

例 1万円の収入印紙が必要だったが、貼らなかった

 調査で発覚 ➡ 本税として1万円、過怠税2万円を納めることに……

損金にならないため、法人税の申告時に加算調整する。

 ?

税務署 本税1万円 +  過怠税2万円 会社

 節税のプロのアドバイス

税務調査でも指摘されやすい税金なので注意しておきましょう。

43 支払手形を分割して節税する

ただし適当に分割すると税額が増えることも

🔍 段階的に上がる印紙税額の設定を活用する

　印紙税は、文書に記載された金額で変わります。支払手形は第3号文書ですので振り出すと印紙税がかかりますが、このとき、支払手形を2枚以上に分割して振り出すと印紙税の節税になることがあります。

　たとえば6億円の支払手形には15万円の印紙税がかかりますが、3億円×2枚にして発行すると印紙税は12万円になり、3万円の節税となります。これは、約束手形や為替手形の印紙税額が記載金額に応じて上がる仕組みにあります。

　右図のとおり、6億円であれば、5,000万円×12枚、1億円×6枚、2億円×3枚でも節税になります。しかし、これを1億5,000万円×4枚にすると、4万円×4枚＝16万円で逆に税額が上がってしまうので、**税額の変わり目を利用して発行枚数を分割することが節税のポイント**です。

🔍 手形の分割による受け取る側のメリット

　手形を分割して振り出すことは、受け取る側にもメリットがあります。受取手形を期日前に現金化すると、割引手数料が差し引かれるため記載金額よりも受け取れる現金が少なくなります。

　もし、1億円の支払いのために6億円の手形を期日前に現金化しようとすると、6億円すべてが割引の対象になりますが、1億円×6枚に分割された約束手形を受け取っていれば、必要な分だけ先に現金化することができます。

　他にも、分割された手形のほうが裏書譲渡にも使いやすいというメリットがあります（→P110）。ただし前述のとおり、分割しすぎると印紙税が上がる場合がありますので、損がないよう分割してください。

手形金額に対する印紙税額

手形に記載された金額	印紙税の額
10万円未満	非課税（印紙税は不要）
10万円以上　100万円以下	200円
100万円超　200万円以下	400円
200万円超　300万円以下	600円
300万円超　500万円以下	1千円
500万円超　1千万円以下	2千円
1千万円超　2千万円以下	4千円
2千万円超　3千万円以下	6千円
3千万円超　5千万円以下	1万円
5千万円超　1億円以下	2万円
1億円超　2億円以下	4万円
2億円超　3億円以下	6万円
3億円超　5億円以下	10万円
5億円超　10億円以下	15万円
10億円超	20万円

節税のプロのアドバイス

**印紙税の税額表を確認して、
損をしない分割をするのが大事です。**

契約書は正本1通のみ作成する

信頼し合う企業同士であれば検討しよう

🔍 契約書は1通ごとに印紙税がかかる

契約書を、自社と相手用に2通作成すると、印紙税は1通ずつに発生します。たとえば、1,000万円の金銭消費貸借契約を結び、契約書を貸主・借主で1通ずつ保管するような場合、印紙税は2万円かかります（1通1万円×2通）。

たとえ「副本」「謄本」「写し」と題された契約書であっても、それに署名押印があるなど、その書類のみで契約を証明できるものであれば、正本と同じく印紙税の対象になります。契約書の印紙税は、契約の成立や内容を証明するために作成したものにかかるからです。

しかし、**契約書の単なるコピーであれば印紙税はかかりません**。正本は1通のみとし、その他は印紙に消印をした後の契約書のコピーにすると、コピー分の印紙税を節税することができます。

🔍 契約書は2通作成しなくても問題ない

そもそも契約書を2通作成しなければならないというルールはありません。契約は双方の意思表示で成立するため、本来は書面にすることさえ必要条件ではないのです。ではなぜ同じ契約書を2通作成するかというと、契約が成立した事実やその内容を証明することに目的があります。この点で後に争いが生じると多大な労力がかかりますので、慣習として2通作成し、お互いに保管し合うのです。

しかし、こうした争いになることが想定しにくい契約もあります。特に**会社と社長個人の契約や、関係会社間との契約などであれば、コピーを使った印紙税の節税を活用するメリットは大いにあります**。また、コピーを作成することで、契約書の変造防止の効果も期待できます。

印紙に消印をした契約書をコピーする

契約

A社　　　　　　　　　　　　　　B社

コピーなら印紙税は0

コピー

- コピーしかもらっていない場合、相手から「そんな契約はしていない」と主張され、契約の存在を巡って争いになるリスクは残ります。このようなリスクが考えられるときは、自身が正本を保有するか、通常どおり2通作成することをおすすめします。電子契約も検討しましょう。

- 契約をする人の職業や契約の内容によっては、書面交付が義務付けられている場合があります。たとえば、宅地建物取引業法の37条書面にあたる不動産売買契約書などです。こうした業法の制約を受ける書面は、印紙税の節税の前に、それぞれの法律の要件に十分注意する必要があります。税法以外のペナルティを受けないよう注意してください。

 節税のプロのアドバイス

会社と社長、社長が同じ親子会社間などの契約であれば、コピーも検討しましょう。

45 債権・債務は相殺する

少額でも年間では大きな節税になる場合も

🔍 相殺すれば両者にとって節税に

印紙税の額は、文書の種類と書面の記載金額で決まります。

たとえば、売掛代金を500万円受け取り、相手に領収書を発行するとき、この領収書は「売上代金にかかる金銭の受取書」（17号文書）にあたりますので、500万円に対して1,000円の印紙税がかかります。

ただし、相手に対してこちらからも支払わなければならない金銭があるときは、**債権と債務を相殺した領収書を作成してください。印紙税の節税になります。**

たとえば、売掛金500万円の相手に買掛金300万円があるときは、相手と相殺の交渉をして、200万円の領収書を作成します。そうすると印紙税の課税対象になるのは200万円ですので、印紙税は400円で済みます。

これを相殺せずに支払いを書類上別々にした場合、500万円を受け取る会社は1,000円の印紙税を、300万円を受け取る会社は600円の印紙税を負担しなければなりません。相殺すれば両者節税になるということです。

🔍 相殺の事実は必ず文書化しておく

相殺するときのポイントは、領収書に「うち○○円は買掛金と相殺」のように、相殺したことを明記することにあります。相殺という行為は「金銭の受け取りにあたらない」という解釈で成立するものですので、**相殺した事実が文書上でもはっきりわかるようにしなければなりません。**

なお、売掛金500万円の相手にそれ以上の金額の買掛金があり、全額を相殺するときに、その証明に領収書を発行することがありますが、これは「金銭の受取書」にあたりませんので、印紙税は不要です。印紙税は、あくまでその中身が1号から20号の文書にあたるかどうかで判断します。

債務相殺で節約しよう

●相殺の領収書の例

例：**お互いに1,000万円の支払い債務があるA社とB社**

それぞれ領収書を発行した場合の印紙税の負担額

    A社：2,000円　B社：2,000円

相殺してA社からB社に1,000万円を相殺した旨の領収書を
発行した場合

    A社：0円　　　　B社：0円

●土地の交換契約書の例

ほかにも、土地の交換契約書（1号文書）に交換代金の差額のみが記載
されている場合、差額が印紙税の対象になります。よって差額のみを記
載することで、印紙税の節税になります。

例：**甲の土地8,000万円と乙の土地1億円を交換し、甲は乙に差額の
2,000万円を支払う。**

➡この場合は、最も高い記載金額である「1億円」が課税対象になり、
印紙税「6万円」が発生する。

例：**甲の土地と乙の土地を交換し、甲は乙に交換差額の2,000万円を
支払う。**

➡この場合は、「2,000万円」が課税対象になり、印紙税を「2万円」に
節税できる。

節税のプロのアドバイス

相手と交渉して、相殺ができる取引は 積極的に相殺して節税しましょう。

46 新規の支払手形ではなく 受取手形を裏書譲渡する

印紙税を負担しなくていい

🔍 裏書譲渡のメリット

　「支払手形」は3号文書にあたります。印紙税を納税する義務があるのは、文書の作成者ですから、支払手形を新規に振り出すと、振り出した人に印紙税の納税義務が生じます。しかし、「**受取手形」の裏書譲渡をしても印紙税はかかりません**。受取手形の印紙税は、それを振り出した人によってすでに納税されているからです。

　このことから、新しく支払手形を振り出す前に、受取手形のチェックをしましょう。もし支払金額に合う受取手形を持っていれば、それを裏書譲渡することで新しく支払手形を振り出す場合よりも印紙税を節税することができます。

　もちろん、受取手形は銀行で現金化することもできますが、期日前の受取手形であれば、手形割引として手数料が発生してしまいます。裏書譲渡であれば、こうしたことが無関係となる点もメリットといえます。

　ただし、もし裏書譲渡した手形が決済前に不渡りになった場合、最初に手形を振り出した会社に代わって、裏書譲渡をした会社に支払い義務が生じます。

🔍 支払手形の印紙税の例外

　約束手形には印紙税の納税義務について例外的な取り扱いがあります。その1つが、金額の記載がない支払手形を振り出したときの取り扱いです。このとき、**振り出した人に印紙税の納税義務はなく、これに金額を補充した人が印紙税の納税義務を負います**。契約書や領収書などには、金額の記載がなければ一律200円を文書の作成者が納税するルールがありますが、手形はこれと混同しないようにしましょう。

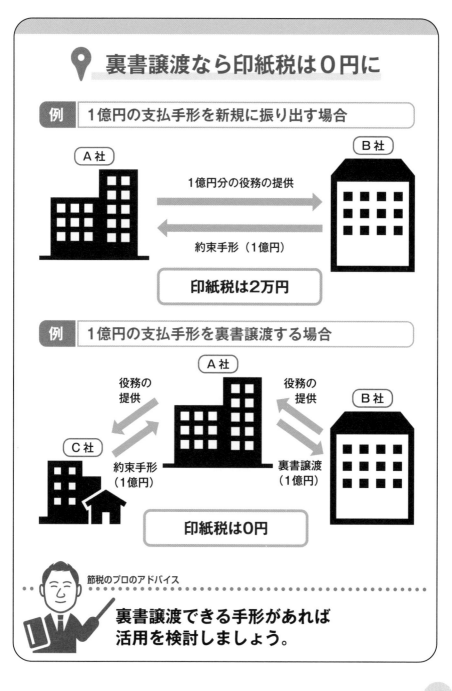

裏書譲渡なら印紙税は0円に

例 1億円の支払手形を新規に振り出す場合

A社　　B社
1億円分の役務の提供
約束手形（1億円）

印紙税は2万円

例 1億円の支払手形を裏書譲渡する場合

A社
役務の提供　役務の提供
C社　B社
約束手形（1億円）　裏書譲渡（1億円）

印紙税は0円

節税のプロのアドバイス

裏書譲渡できる手形があれば活用を検討しましょう。

47 契約書、領収書には消費税額を区分して記載する

印紙税率がグッと下がる可能性も

書き方の違いだけで印紙税額が変わってしまう

　文書への記載金額は、税込で記載するとその額が印紙税の対象になります。しかし、1号文書（例：不動産売買契約書）、2号文書（例：請負契約書）、17号文書（例：領収書）を作成するときは、**消費税を区分して記載すると、印紙税の対象になるのは税抜の価額になります**。たとえば、工事請負契約書の契約金額が税込1,100万円のとき、そのまま記載すれば印紙税の対象になる記載金額は1,100万円。2号文書にあたるので印紙税の額は2万円になります。

　しかし、金額の後に「うち消費税100万円」のように消費税額を区分して契約書を作成すれば、印紙税がかかるのは1,000万円となり、印紙税の額は1万円に減額されます。記載例は右ページをご覧ください。このように税込と税抜の価額が印紙税の変わり目にかかれば、印紙税の大きな節税になります。

貸付金の利息と元金も区別する

　ほかにも記載金額を区分すると節税できるものに、貸付金の利息があります。会社の金銭を貸し付けて得た利息の領収書は、17号文書にあたりますが、このとき、利息と元金の金額を区分して領収書を作成することで、元金を印紙税の対象に含めないことができます。

　たとえば、1,000万円が返済され、そのうち100万円が利息であるとき、元金と利息を区別しなければ印紙税の対象になる金額は1,000万円です。よって2,000円の印紙税が必要になります。これを「貸付金元本900万円、貸付金利息100万円」と区分すれば、印紙税の対象になる記載金額は100万円になり、印紙税は200円になります。

消費税の書き方を工夫すると……？

不動産売買契約書（1号）

記載金額の例

例1 土地2,000万円および建物3,300万円

➡ 印紙税は5,300万円に対して6万円かかる

例2 土地2,000万円および建物3,300万円
（うち消費税額等300万円）

➡ 印紙税は5,000万円に対して2万円かかる
（消費税300万円にはかからない）

ほかにも
- 土地2,000万円および建物3,300万円
（税抜価格3,000万円、消費税額等300万円）
- 土地2,000万円および建物3,000万円　消費税額等300万円
合計5,300万円

のような書き方でもOK

なお、消費税の免税事業者にはこのルールの適用がありません。仮に免税事業者が消費税額を区分した契約書や領収書などを作成しても、全額が印紙税の対象になります。

 節税のプロのアドバイス

節税のためには税抜価格や区分表示で書類を作成しましょう。

電子契約書を利用する

デジタル化を進めながら節税できる

メールやFAXでの送信は印紙税がかからない

印紙税は文書にかかる税金ですが、それでは文書をデータ送信した場合はどうなるでしょうか。国税庁は「コミットメントライン契約に関して作成する文書に対する印紙税の取扱い」として示す資料の中で、**メールやファクシミリ（FAX）で領収書等を送信した場合、文書を現物で交付したわけではないので印紙税はかからない**という見解を示しています。

受信した側がデータをプリントアウトしたとしても、それはコピーした文書と同じ扱いとなりますので、印紙税はかかりません。

同様に福岡国税局において、契約書にあたる注文請書のPDFファイルを電子メールを利用して送信した場合について、同様の見解を示しています。つまり、契約書や領収書などは、現物を交付せずデータで送信すれば印紙税がかからないということです。せっかくですので、データのやり取りで済ませられる契約書や領収書などがあれば積極的に活用して節税しましょう。

データ管理で保存も楽に

データの契約書と聞くと、変造やデータの保存ミスが心配されます。その場合は、クラウドサインなどの電子契約書のサービスの利用を検討しましょう。紙の契約書がいらないため印紙税が不要になることはもちろん、紙の保管に関するコストの削減ができるほか、クラウドでデータを保全できることから変造やデータ紛失のリスクを回避できます。

なお、データで受け取った領収書等をプリントアウトせずにデータのまま保存したい場合は、電子帳簿保存制度（スキャナ保存）の要件を満たさなければならないことに留意してください。

電子契約書を活用すると……?

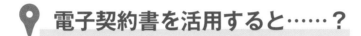

●紙の契約書の場合（5,000万円の契約の場合）

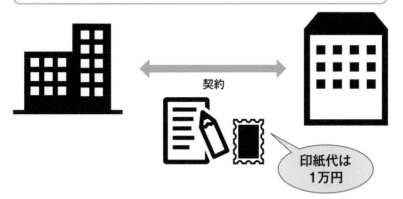

契約

印紙代は
1万円

●電子での契約の場合（5,000万円の契約の場合）

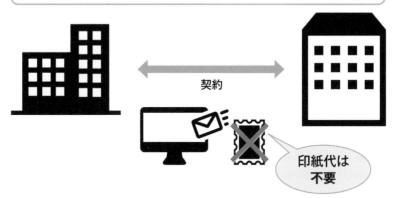

契約

印紙代は
不要

節税のプロのアドバイス

導入費用は発生しますが、印紙税が高額になっている企業は導入を検討しましょう。

49 印紙税を間違えたら還付請求する

誤納・過納があれば還付してもらえる

🔍 管轄の税務署に還付請求を行う

領収書などに印紙税の納税の義務が生じるタイミングは文書を交付するとき、契約書であれば、契約内容などを証明するときです。

しかし実際の手順としては、相手に会う前にあらかじめ収入印紙を貼り付けて準備を行います。すると準備をした後に、金額や契約内容などが変更になって、書類を作り直すことがあります。このような状態は、印紙税の誤納・過納となっているので、**税務署に還付の手続きをすると、還付金を受け取ることができます。**

還付の手続きは、収入印紙を貼った状態の書類と申請者の印鑑を税務署に持参し、税務署に備え付けの「**印紙税過誤納確認申請書**」を記載して行います。手続きを行う先の税務署は、文書の作成場所を管轄する税務署になります。持参する以外にも、これらを郵送して手続きを済ませることも可能です。

還付金は、税務署が書類を確認した後に、申請書に記載した金融機関に振り込まれます。還付の手続きができるのは、書類を作成した日から5年間ですので、何通かまとめて手続きをするほうが効率的といえます。

🔍 還付の対象になるもの・ならないもの

還付の対象は、印紙税のかからない文書を誤解して貼ってしまった場合や、収入印紙を貼った書類を使用する見込みがなくなった場合も含まれます。ただし、いったん行使された契約書の印紙税は還付の対象になりません。たとえば契約が成立したのに、その後、解除や取り消しとなった契約書の印紙税などです。印紙税の納付以外の用途（例：登録免許税の納付など）で貼った収入印紙も、この還付制度の対象外です。

税務署での還付請求の方法

還付請求 →

作り直す必要が生じた
場合など、使用しない
ことになった領収書や
契約書に貼ってしまっ
た収入印紙

必要なもの
・収入印紙を貼った状
　態の書類
・申請者の印鑑
・「印紙税過誤納確認
　申請書」
　（税務署にある）

税務署

書類作成日
から5年間
手続き可能

誤納・過納をなくしましょう!!

※契約成立後に契約解除や取り消しになって無効になった契約書の収入印紙代
については、還付請求できません。

 豆知識 　「消印前」であれば、収入印紙をはがして使うことができます。
ほかにも未使用の収入印紙を郵便局で、1枚5円の手数料を支
払って交換することもできます。
ただし、汚損・き損した収入印紙は交換してくれませんので、消印をしたもの
や破れたものはダメです。交換するときは、文書からはがさずに貼った部分
を切り離して持っていくとよいでしょう。

 節税のプロのアドバイス

貼付ミス、契約ミスなどがあれば、
忘れずに還付請求しましょう。

「印紙税」は
時代遅れの税金制度？

　P114で説明した通り、印紙税の課税対象になるのは、書面で作成された文書だけです。したがって、メールやＦＡＸ、電子契約書で作成された文書には印紙税は不要となりますが、電子契約書等を導入している会社と導入していない会社の間で、税負担の公平性に欠けるという問題点があります。この問題点が、印紙税が時代遅れの税金制度であると言われている原因の１つです。

　インターネット社会において、領収書や契約書などを作成する必要性が減り、課税の中立性および公平性が確保できないため、今後は電子契約書においても課税の対象とするという対策が取られる可能性もあります。

　ただし現時点では、メールやＦＡＸ、電子契約書等による文書の現物を作成しない場合には、印紙税が課税されませんので、印紙税が毎年継続して高額発生しているような会社では、積極的に電子契約書のサービス導入を検討することをお勧めします。電子契約書サービスは、安いものですと月１万円前後から使えますので、印紙税を年間12万円以上納税している会社であればすぐに元が取れるはずです。

　印紙税を節約したいなら、金券ショップで収入印紙を購入するという小技もあります。若干安く購入できることに加え、収入印紙を「郵便局、郵便切手類販売所または印紙売りさばき所」以外の場所（金券ショップ等）で購入した場合には、その収入印紙には消費税が課税されています。つまり、消費税の課税事業者で本則課税を利用している場合は、収入印紙の購入を課税仕入にすることができ、会社が納付すべき消費税を節税することができます。

Chapter

7

売上、仕入で 節税する

売上の締め日や計上基準日の設定など、少し日にちが変わる だけで節税が期待できます。自社に合ったやり方を見つけて、 うまく納税額を抑えましょう。

50 売上の締切日を決算日前にする

月末締め以外の締め日も検討する

🔍 締め日によって納税額が変わる

会社の帳簿は、毎月、何日締めにしていますか？ 末日の会社もあれば20日や25日など、少し早い日に締め切る会社も、実務では多くあります。

このような会社では、決算日が3月31日でも、3月20日や3月25日で帳簿を締め切ることになります。この場合、法人税の計算も、**会社の帳簿の締め日に合わせて計算してよい**ことになっています。

これを活用すると、20日締めの会社なら、11日分の法人税の支払いを1年遅らせることができ、1年間、会社に資金を残すことができます。

毎日10万円の売上がある会社（3月決算）の例で考えてみましょう。4月1日に事業を開始した場合、初年度の売上高は3,650万円ですが、20日締めであれば売上は3,540万円に減ります。2年目以降は「前年度の3月21日～当年度の3月20日」で売上を計算するので、365日分の売上が法人税の対象になります。ところが売上は通常、2年目、3年目……と増えていきますので、2年目以降も、末締めよりも20日締めのほうが、節税によって会社に資金を多く残すことができるのです。

🔍 仕入の締め日や継続適用に注意

売上を20日締めや25日締めで計上する場合は、それに対応する仕入も20日締めや25日締めで行うことに注意してください。

そして、会社の締め日に合わせて法人税を計算するときは、①会社の商習慣等の相当の理由があること、②締切日は事業年度終了の日よりおおむね10日以内であること、③毎期継続して適用することの条件を満たす必要があります。「今期は20日締めにしたほうが税金が安いから、今期だけそうしよう」と、意図的に税金を操作することはできません。

会社に有利な締日を設定する

例

・1期	4/1 ～ 3/31（1日の売上高：10万円）
・2期	4/1 ～ 3/31（1日の売上高：20万円）
・3期	4/1 ～ 3/31（1日の売上高：30万円）

通常（末締め）

・1期	4/1 ～ 3/31	3,650万円
・2期	4/1 ～ 3/31	7,300万円
・3期	4/1 ～ 3/31	1億950万円

4/1　1期　3/31 4/1　2期　3/31 4/1　3期　3/31

4/1　3/20 3/21　3/20 3/21　3/20

36.3万円の節税に!!

20日締め

・1期	4/1 ～ 3/20	3,540万円
・2期	3/21 ～ 3/20	7,190万円（※1）
・3期	3/21 ～ 3/20	1億840万円（※2）

20日締めにすると、末締めのときより、毎期約36.3万円の資金を会社に残すことができる。

（※1）10万円×11日+20万円×354日
（※2）20万円×11日+30万円×354日

節税のプロのアドバイス

締め日を毎期変更することはできないので、会社設立後すぐに検討しましょう。

51 有利な売上計上基準を選択する

資金繰りの悪化を防げることも

🔍 売上計上のタイミングは選べる

突然ですが、会社の日々の売上は、いつの時点で計上していますか。「お客様から代金をもらったとき」という会社もあれば「お客様に商品を発送したとき」という会社もあるはずです。なぜ違いがあるのでしょうか。

売上の計上基準は、原則「商品を引き渡したとき」や「サービスを提供したとき」です。これは、会計処理の大原則となる企業会計原則において、**収益は実現したときに処理する**と決められていることが根拠になります。

そして法人税においても、基本的に会計のルールに従って税額を計算をするよう定められています。

🔍 3つの計上基準

では「商品を引き渡したとき」とは具体的に何の日かというと、これには一般的に3つの基準があります。①**出荷基準**（会社が商品を出荷した日）、②**引渡基準**（得意先が商品を受け取った日）、③**検収基準**（得意先が商品を検収した日）です。店舗でお客様に商品を対面販売する業態であれば、この3つは同じ日ですが、ネット販売などでは、どれを使うかで売上の計上日が変わってきます。

実務でよく使われている売上計上基準は、①の出荷基準ですが、決算日前に商品を届け、決算日後に返品された場合、その決算時に売上を取り消すことができません。返品されてお金がもらえない上に、売上が増える分だけ増税となって、資金繰りが苦しい状況になります。

したがって、返品の多い会社や売上単価の大きい会社は、③の検収基準を採用してください。ただし、一度採用した売上の計上基準は毎期継続して適用することが必要ですので、ご注意ください。

売上計上のタイミングを考える

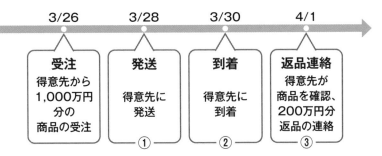

| 3/26 | 3/28 | 3/30 | 4/1 |

受注	**発送**	**到着**	**返品連絡**
得意先から1,000万円分の商品の受注	得意先に発送	得意先に到着	得意先が商品を確認、200万円分返品の連絡
	①	②	③

例：3月決算の会社で

● 3月26日…得意先から1,000万円分の商品の受注

● 3月28日…得意先に発送した

● 3月30日…得意先に到着した

● 4月 1 日…得意先が商品を確認、200万円分返品の連絡があった

売上 計上日	① 出荷基準…3月28日 　　当期　＋1,000万円 　　翌期　△200万円
	② 引渡基準…3月30日 　　①と同じ
	③ 検収基準…4月1日 　　当期　なし 　　翌期　＋800万円

この例では、③の検収基準を採用すれば、①や②よりも約330万円（1,000万円×約33％）を、1年間、事業資金として会社に残すことができる。

 節税のプロのアドバイス

返品が多い会社であれば、検収基準を選択しましょう。

52 手付金は売上ではなく前受金として処理する

手付金は売上ではありません

🔍 売上計上しなくてよい入金とは？

　売上に計上しなくてよい入金を、売上や雑収入として計上している会社があります。間違えやすいものの例としては、商品を引き渡す前、あるいはサービスを提供する前に受け取った「手付金」の処理です。「手付金」を受け取るときは、まだ商品を引き渡していません。代金の一部を受け取っただけです。したがって、**売上ではなく、「前受金」、つまり負債の勘定科目として処理をします。**そして商品を引き渡したときに、「前受金」と「残りの代金」を合わせた総額を「売上」に計上します。

　もし手付金を受け取ったときに誤って売上として処理してしまい、商品を引き渡すタイミングが翌期にずれてしまうと、**当期は、手付金の分だけ法人税が多くかかり、会社から不必要に資金を流出させてしまいます。**

　売上にしなくてよいものまで計上しないように注意してください。

🔍 解約手付の場合

　手付金には、売買契約の成立を証明する意味があったり、契約内容によっては「解約手付」の意味があったりします。

　「解約手付」のある契約では、商品の引き渡しが行われるまで、その契約を、買い手側・売り手側のどちらからでも解除できるのですが、買い手側からの解約であれば手付金の全額放棄を、売り手側からの解約であれば、手付金を返還した上でさらに同額の金銭の支払いを行います。

　売り手側は倍の金額を返還することになりますが、半分はもらった手付金ですので、どちらも手付金分の金銭を負担することになります。もし前受金として処理したものが解約手付にあたり、買い手側が契約を解除してそれを放棄したときは、前受金を「雑収入」に振り替える必要があります。

前受金を活用する際の仕訳方法

3月30日（当期）
不動産売買契約で、建物代金2,000万円のうちお客様から解約
手付を200万円受け取った

| （借方） | 現金 | 200万円 | （貸方） | 前受金 | 200万円 |

4月10日（翌期）
お客様に建物を引き渡した

| （借方） | 前受金
売掛金 | 200万円
1,800万円 | （貸方） | 売上 | 2,000万円 |

4月12日（翌期）
お客様から代金が振り込まれた

| （借方） | 普通預金 | 1,800万円 | （貸方） | 売掛金 | 1,800万円 |

建物の売上に税金がかかるのは、建物を引き渡した翌期。
3月30日で売上200万円を計上しないよう注意しましょう！

 節税のプロのアドバイス

売上計上のタイミングを間違えて損をしないよう注意しましょう。

53 最終仕入単価を引き下げる

1個あたり数円でも大きな節税になる場合も

🔍 最終仕入原価法とは？

決算時に最初に行うことといえば、「棚卸し」です。「棚卸し」とは、決算日当日の在庫品の数量や保存状態等から、貸借対照表に載せる「棚卸資産」の評価額を計算するための作業になります。

棚卸資産の評価方法には、個別法、先入先出法、総平均法、移動平均法、最終仕入原価法、売価還元法があります。

個別法は、商品や製品の個品管理が行われている場合に限って選択できます。不動産や宝石など、商品の個別性が高く単価が高いものに利用されることが一般的です。売価還元法は、スーパーのように、さまざまな種類・価格の在庫をもつ業種に向いています。

税務署に対して特に手続きをしなければ、自動的に最終仕入原価法が適用されます。これは文字通り、最後に仕入れた価格で在庫を評価する方法で、仕入れ先の請求書等から、決算日に最も近い日の仕入値を使います。

たとえば、A商品の在庫が300個、B商品の在庫が400個で、Aの最終仕入単価が1,000円、Bが2,000円であれば、Aは300個×1,000円で30万円、Bは400個×2,000円で80万円ですので、棚卸資産は110万円になります。

🔍 最終仕入単価が低いほど節税になる

棚卸資産の評価額が低いほど、決算時に経費にできる額（＝売上原価）が多くなります。そのため、最終仕入原価法を選択している会社は、**商品や製品の最終仕入単価を引き下げることで節税になります**（右ページ参照）。決算前の仕入時は、なるべく単価が安いときを狙うか、安くなる方法で購入するようにしましょう。

売上原価の仕組みをうまく活用する

売上原価 = 期首商品 + 当期商品仕入 − 期末商品

期首商品	売上原価
	（経費）
当期商品仕入	
	期末商品

「期末商品」……決算時の在庫の評価額
　　　　　　　　（棚卸資産）
「売上原価」……決算時に経費になる金額
つまり、在庫の評価額が低いほど、経費（売上原価）が大きくなり、節税になる。
なお、「期末商品」が翌期の「期首商品」の価額になります。

例

期 首 商 品	100万円
当期商品仕入	1,200万円
期 末 商 品	300万円（最終仕入値@1万円の商品が300個）
売 上 原 価	1,000万円

上記の例で、決算前の50個の仕入れが@8,000円である場合
• 期首商品　100万円
• 当期商品仕入　1,190万円（※1）
• 期末商品　240万円（※2）（期中の仕入値@1万円の商品が250個、最終仕入値@8,000円の商品が50個）
➡売上原価　1,050万円
経費が50万円増えるので約16万5,000円（50万円×約33％）の節税になります。
（※1）（1万円−8,000円）×50個＝10万円
よって10万円仕入れ値が減少
（※2）@8,000円×300個＝240万円

節税のプロのアドバイス

可能であれば仕入先と価格交渉をしてみましょう。

節税に大きく関与する「決算日」の決め方

　会社設立時に決めないといけないことの１つが会社の決算日（決算月）です。日本では３月末決算の会社が圧倒的に多いですが、３月末決算にしないといけないという決まりはありません。節税の観点では、会社の決算月はどのように決めるべきでしょうか。

　会社の繁忙期は通常、１年で売上が一番上がり、利益も見込まれます。もしこの月を決算日にした場合、どうなるでしょうか？決算日の２カ月後には、法人税や消費税などの申告と納税が必要なため、２カ月後には会社から現金が納税資金のために減少することになります。また、繁忙期の直後に決算があることから節税対策を行う時間的な余裕もないことになります。

　したがって、繁忙期を期首（事業年度のはじめ）として、繁忙期の１カ月前が決算月となるように設定すれば、約１年をかけて節税対策をすることが可能になります。また、繁忙期の売上入金が決算月に見込まれることから、納税資金の確保など、資金繰りの面からも優れていると言えます。

　他にも、会社設立時の資本金額が1,000万円未満の場合、設立第２期目までの消費税の納税義務が免除される制度（→P172）を活かす方法もあります。消費税免除期間ができるだけ長くなるようにするためには、設立年月日から一番離れた月を決算月にすると節税できるということになります。たとえば１月に会社を設立した場合には、１２月を決算月とするのが最も節税になります。

　なお、既存の会社で決算月を変更したい場合には、定款変更や税務署への届出が必要になりますので、司法書士や顧問税理士などに相談してみましょう。

Chapter **8**

減価償却で
節税する

所有する設備や建物などを、適切に減価償却できていますか? ここでは税法上有利な方法や、減価償却よりも早く経費にする方法などを紹介します。

54 節税に有利な方法で減価償却をする

定額法と定率法

🔍 減価償却とは？

　長年にわたり会社の事業活動を支え収益に貢献してくれる建物や機械などの財産を、**固定資産**といいます。固定資産のように長い間使用されるものの購入費は、すぐに全額を経費にすることはできず、使用を開始した月から法令で定められた年数で、少しずつ経費にします。これを**減価償却**といいます。そして減価償却によって計上する経費を**減価償却費**といいます。

　一事業年度で経費にできる減価償却費は、固定資産ごとの「耐用年数」と会社が選択した「償却方法」で上限額が決まります。上限額を超えた分は、その年度の法人税の損金になりません。つまり正しい減価償却をしないと税務署から過少申告加算税などを追徴されることがあります。

　減価償却の対象となるのは、取得価額が10万円以上かつ、使用可能期間が1年以上の固定資産です。10万円未満のものは、全額をその年度の経費にすることができます。また30万円未満の資産にも同様の効果の特例があります。

🔍 減価償却の方法

　減価償却の方法には、「**定額法**」と「**定率法**」があります。建物、建物附属設備、無形固定資産（鉱業権やソフトウェア等）、生物（牛や果樹等）は「定額法」、構築物、機械装置や器具備品などは「定額法か定率法」です。

　建物と建物附属設備について、現在は取得したものはすべて定額法で減価償却をする決まりになっています。

　「定額法か定率法」は法人の場合、何もしなければ「定率法」が適用されますが、税務署に書類を提出することで「定額法」に変更できます。**定率法のほうが節税に有利**となっています（右ページ参照）。

定額法と定率法の比較

平成19年4月1日の改正以後に取得した資産は、基本的に残存価額1円まで減価償却ができます。
減価償却ができる累計額は、定額法と定率法のいずれも同じです。
しかし経費になるスピードに違いがあります。

> **例** ・3月決算法人
> ・取得価額100万円（耐用年数8年）
> ・令和3年4月に購入。同月15日から事業に使い始める。

●定額法

●耐用年数8年の償却率 ➡ 0.125
定額法の償却限度額は、取得価額に償却率をかけて計算。
その結果、毎期同額の減価償却費になることが特徴です。

●定率法

●耐用年数8年の償却率 ➡ 0.250
（改訂償却率0.334、保証率0.07909）
定率法の償却限度額は、期首の帳簿価額に償却率をかけて計算。
早い段階で減価償却費を多く計上できるのが特徴です。

事業年度	定額法	定率法
令和 4 年3月期	12万5,000円 （100万円×0.125）	25万円（100万円×0.250）※1
令和 5 年3月期	12万5,000円	18万7,500円（75万円×0.250）
令和 6 年3月期	12万5,000円	14万625円（56万2,500円×0.250）
令和 7 年3月期	12万5,000円	10万5,468円（42万1,875円×0.250）
令和 8 年3月期	12万5,000円	7万9,101円（31万6,407円×0.250）
令和 9 年3月期	12万5,000円	7万9,260円（23万7,306円×0.334）※2
令和10年3月期	12万5,000円	7万9,260円（23万7,306円×0.334）※2
令和11年3月期	12万4,999円	7万8,785円※2 ※3

（※1）減価償却は、事業に使い始めた日から計上できます。ただし、暦にしたがって1カ月未満の日数は1カ月としますので、日割りではなく月割り計算となります。例は4月15日に使用を開始しているため、「12カ月／12カ月」で計算します。
（※2）定率法では、償却限度額が「取得価額×保証率」（例では100万円×0.07909＝7万9,090円）を下回った年以降は、改訂償却率（0.334）を使って計算した償却限度額で償却します。
（※3）最後は1円を残存価額として残します。なお無形固定資産は残存価額を残しません。

節税のプロのアドバイス

減価償却の2種類の方法を理解しておきましょう。

55 古い固定資産を 適正に減価償却する

昔と今で償却方法が異なるケースも

🔍 「旧定額法」「旧定率法」に注意

　平成19年3月31日以前に購入した固定資産の償却方法は、「旧定額法」や「旧定率法」といって、現在と計算方法が異なります。この日以前に購入した資産があったり、合併によってこうした資産を引き継いだ会社には、今なお旧定額法や旧定率法で減価償却費を計算している場合があります。

　旧定額法や旧定率法では、まずは耐用年数にしたがって取得価額の90％分の減価償却をした後、そこから計算方法を変えて残り5％になるまで償却し、そこからは1円を控除して5で割った額で減価償却をするという三段階の計算を行います。

　つまり、旧定額法と旧定率法でも1円の備忘価額が残ります。

　旧定額法等の対象になるものを誤って今の方法で計算すると、**法人税の納税額が不足することがあり、加算税などムダな税金を会社から流出させてしまうおそれがあります。**逆に今購入した資産を古い方法で償却すると、経費が少なすぎて余計な法人税を支払うことになります。

🔍 会計ソフトを使用する場合も注意

　償却方法のミスが起こりやすいのは、会計ソフトで誤った償却方法を設定してしまったときです。一般的な会計ソフトには、固定資産の種類や耐用年数、取得価額を入力すると、償却限度額を自動で計算してくれます。便利である反面、正しい償却方法を選択しなければ、間違った減価償却費を計上し続けることになります。さらに定率法には、旧定率法、250％定率法、200％定率法の違いもあります。平成24年4月1日以降に取得したときの定率法は200％定率法になりますので、正しく選ぶようにしましょう（右ページ参照）。

旧定額法、旧定率法ってなに？

取得日	建物	建物附属設備	構築物、機械、車両、工具、器具備品など	無形固定資産
平成10年3月31日以前	旧定額法 旧定率法	旧定額法 旧定率法	旧定額法 旧定率法	旧定額法
平成10年4月1日～	旧定額法			
平成19年4月1日～	定額法	定額法・定率法	定額法・250%定率法	定額法
平成24年4月1日～			定額法・200%定率法	
平成28年4月1日～		定額法		

旧定額法	旧定率法	
定額法	250%定率法	平成19年3月31日までに取得した資産
	200%定率法	平成19年4月1日以降に取得した資産
		平成24年4月1日以降に取得した資産

●旧定額法の計算例（耐用年数5年）

● 1年目～5年目…90%まで償却
取得価額100万円（耐用年数5年、償却率0.200）の資産の場合
100万円×0.9×0.200＝18万円

● 6年目…残り5%まで償却
期首帳簿価額－取得価額×5%
10万円－5万円＝5万円

● 7年目～
償却限度額
＝（取得価額－（取得価額の95%）－1円）×各事業年度の月数／60

● 残存価額5万円
（50,000円－1円）×12カ月／60カ月＝約10,000円
　➡ 7年目から4年間償却し、11年目に9,999円償却

節税のプロのアドバイス

同じ資産でも、古いか新しいかで償却方法が異なることがあるので注意しましょう。

56 資産購入時の諸費用を経費にする

減価償却資産に含めず経費に

🔍 減価償却をせずにすぐに経費にできる

　固定資産は、減価償却によってその取得価額を少しずつ経費にします。取得価額とは、**資産本体の購入価額**はもちろん、その資産を「**購入するためにかかった費用**」や、「**事業に使用するために直接かかった費用**」も含めなければなりません。

　購入するためにかかった費用とは、たとえば運賃や購入手数料、関税などです。事業に使うために直接かかった費用は、資産ごとに考える必要がありますが、たとえば機械の据付費などがこれにあたります。

　そうすると固定資産の取得に関係する費用はすべて取得価額に含めなければならないように見えてしまうかもしれませんが、**取得価額に含めず、すぐに経費にできる費用もあります**。こうした費用の範囲を知っておけば、減価償却をせずにすぐに経費にできる額が増えますので、購入した事業年度において会社に残せる資金を増やすことができます。

🔍 会社の成長のために早く経費にする

　「取得価額に含めて減価償却をしても、トータルで経費になる金額は同じでしょ？」と思われるかもしれません。たしかにそのとおりです。しかも全額を取得価額にしたほうが、費用を選別しなくてよいので楽ですよね。

　しかし何年も待って経費にして会社に少しずつ資金を残すより、早めに資金を多く残して後年の事業活動の基盤となる投資をしたほうが、事業の成長スピードは上がります。そのため、**取得価額に含めなくてよいものは、早めに経費になるよう処理することが重要なのです。**

　固定資産を購入したときは、請求書や明細を見て、経費として処理できるものがないかを目ざとく探しましょう。

取得価額に含めるものと含めないもの

●取得価額に含めなければならないもの

- 資産本体の購入価額

- 資産を購入するためにかかった費用
  引取運賃、荷役費、運送保険料、購入手数料、関税、土地を購入すると きの立退き料、土地を購入したときおおむね1年以内に行う建物の取り 壊しの費用など

- 資産を事業に使用するために直接かかった費用
  機械の据付費など

●取得価額に含めなくてもよいもの（その年の経費にしてよいもの）

- 次の税金
  不動産取得税、自動車取得税、新増設に係る事業所税、登録免許税その 他登記または登録のために要する費用

- 建物の建設等のために行った調査、測量、設計、基礎
  工事等でその建設計画を変更したことにより不要となったものに係る費 用

- いったん結んだ資産の売買契約等を解除して、他の資産を購入すること にしたときの違約金

- 資産を取得するための借入金の利子のうち、使用開始前の期間にかかる 部分（使用開始後の期間にかかる利子は、そもそも取得価額に含めずに 期間経過に応じて経費にする）

- 割賦販売契約などによって購入した資産のうち、契約において購入代価 と割賦期間分の利息や売手側の代金回収のための費用等が明らかに区分 されている場合のその利息や費用など

節税のプロのアドバイス

固定資産に含めないでいいものを 経費処理して節税しましょう。

57 修繕費と資本的支出を区別する

区別することが困難なケースが多い

🔍 「修繕費」と「資本的支出」の違い

　購入した建物や機械などの固定資産を長く使い続けるには、メンテナンスや、新しい性能の追加などで生産性を高めたりする工夫が求められます。こうした費用には「**修繕費**」としてその事業年度の経費にできる場合と「**資本的支出**」といって新しい資産を取得したものとして固定資産の取得原価に加え、新たに減価償却をしていく場合に分かれます。

　節税に有利なのは「修繕費」で、これは**資産の現状を回復し、維持するための費用**のことです。対して「資本的支出」とは、**資産の使用可能期間を延長させたり、資産の価値を増加させたりする支出**をいいます。

　このように、両者の意味は明確に異なるものですが、実務上では判断が難しいことはよくあります。

🔍 判定基準を用いて区別する

　たとえば車検を想像してみてください。基本の点検項目やオプションが請求書にたくさん書かれていますが、このオプションは現状回復のためのものか、車の使用可能期間を延長させるものか、すべてを判断するのは難しいと思います。

　このように実務では区別が困難な場面があることから、**修繕費と資本的支出には、形式的な判定基準があります**（右ページ参照）。

　この判定基準を使って、なるべく修繕費となるように修繕を実施するようにしてください。たとえば、資本的支出になるかもしれない修繕については 20 万円未満に抑えるといったことが考えられます。

　なお、この形式基準以外にも災害等により支出した修繕などは判断が異なる場合があります。

修繕費用の判定基準

●資本的支出になるものの例

Point 質や耐久性などを上げるための支出

- 建物の避難階段の取付など物理的に付加した部分の費用
- 用途変更のための模様替えなど、改造や改装に直接要した費用
- 機械の部品を、特に品質または性能の高いものに取り替えたときの費用のうち、通常の取り替えに要する費用を超える部分

●形式的な判定基準（以下の順番で判定）

①1回の支出が20万円未満 → すべて修繕費

②おおむね3年以内の周期の修繕 → すべて修繕費
　この条件を満たすには、以前に行った修繕が3年以内であることが証明できるかどうかが必要。
　以前に行った修繕の見積書・請求書などを保管しておく。

③60万円未満の修繕
　これは「修繕費」か「資本的支出」かの判断がどうしても困難なときにのみ、使える基準です。
　明らかに資産価値を高める・耐久性を増す費用にあたるものであれば、資本的支出になるので、この判定には持ち込めません。
- 60万円未満のもの → すべて修繕費
　または
- 固定資産の取得価額の10%以下の支出 → すべて修繕費

これにもあてはまらないときは、
①会社が継続して支出した金額の30％相当額
②前期末における取得価額の10％相当額
のどちらか少ない金額を修繕費とする方法も認められます。こうした支出の回数が多く判定がどうしても手間であるときは、この方法でもよいですが、早期に費用にできる額が少ないので節税には向きません。
なお、災害で被災した資産を復旧するための支出は、上記の基準に関わらず基本的にすべて修繕費になります。

節税のプロのアドバイス

**判定基準のフローチャートを用いて
なるべく修繕費として処理しましょう。**

58 30万円未満の 減価償却資産を購入する

消費税の処理方法により金額が異なる

🔍 特例の対象法人であればお得

　減価償却をする固定資産とは、取得価額が 10 万円以上かつ、使用可能期間が 1 年以上のものです。これにあたらない少額な資産は、すべての法人で、特別なことをせずにその事業年度の経費にすることができます。

　そして、すべての法人というわけにはいきませんが、**取得価額が 30 万円未満の固定資産についても、その全額を使用を開始した事業年度の経費にすることができます。**

　対象となる法人は、青色申告をしている中小法人ですが、特例が延長されるたびに対象外となる法人の範囲が拡大されているので、今後も注意が必要です。令和 3 年 8 月現在、この特例は令和 4 年 3 月 31 日まで延長されています。現時点で対象外となる法人は右ページのとおりですので参考にしてください。この特例は、**特例を使う資産の取得価額の合計が年間 300 万円に達するまで使えます。**

　適用されるには、この特例を使いたい固定資産を、いったん資産計上後にその金額を減価償却処理すること、そして法人税の申告で、少額減価償却資産の取得価額に関する明細書を添付して申告することが必要です。

🔍 税抜で会計処理しているほうが有利

　30 万円未満かどうかの判定は、①消費税込で会計処理をしている法人は「税込」で、②消費税抜で会計処理をしている法人は「税抜」で判定します。これによって、たとえば本体価格 28 万円、税込価格 30 万 8,000 円の固定資産は、①であれば対象外、②なら対象になるという差が生じます。**消費税抜で経理をしている法人のほうが節税に有利な判定ができる**ということです。

特例が適用できない法人は？

適用例 | 取得価額25万円（耐用年数5年）の備品の場合

- 特例を使う場合…初年度で全額25万円を経費にできる。
年間300万円までなので、20万円のパソコンを購入した場合、15台までは一度に経費にすることもOK。

  ※取得価額が20万円未満なら一括償却資産（3年で償却）を選ぶことも可能である。

- 特例を使わない場合…初年度の費用は定率法で10万円、2年度目は6万円…と経費にしていく。

●特例が適用できない法人

- 青色申告でない法人

- 発行済株式（自己株式等を除く）の総数の2分の1以上を一つの大規模法人に所有されている法人

- 発行済株式の総数の3分の2以上を複数の大規模法人に所有されている法人

- 常時使用する従業員の数が500人を超える法人（連結法人に該当する法人を除く）

- その事業年度開始の日前3年以内に終了した各事業年度の所得金額の年平均額が15億円を超える法人

  ※税制改正によって特例が延長されるタイミングで適用範囲が狭くなることが多いので注意してください

節税のプロのアドバイス

節税のために30万円未満の資産かどうかで購入を検討するのも一考です。

59 関連会社や子会社との共同購入を検討する

30万円以上の資産でも節税の余地がある

🔍 1社あたりの取得価額を30万円未満にできる

前項の特例を使えば、30万円未満の資産を減価償却をすることはほとんどありませんが、30万円を超える資産の購入が必要になることも多々あります。その場合は、関連会社や子会社などと一緒に共同購入することを検討しましょう。

30万円以上の減価償却資産でも共同購入した資産は、一度に経費にできる場合があります。たとえば59万9,000円のサーバーを2社で購入すれば、1社あたりの取得価額は29万9,500円となります。**特例が使えるのは取得価額が30万円未満の資産購入ですので、この場合は、一度に経費として処理できます。**取得価額を均等にせず、契約書等で定めた持ち分比率を使って取得価額を分けてもかまいません。

🔍 共同購入時の注意点

ただし、共同購入をするときは、購入者同士で一緒に使えるものでなければなりません。契約書で共同購入としていても、その資産が、一方の共同購入者の事業に無関係な資産だったり、設置場所が明らかに共同購入者が利用できない状況にあったりすると、共同購入とは認められません。実際に事業に使っていなければ、固定資産の減価償却費を経費とすることはできないからです。

もし、節税のために無関係な企業を共同購入者とすれば、特例の適用ができなくなる可能性がありますし、仮装の経理とみなされ、脱税として刑罰の対象になることも考えられます。

共同購入をするときは、形式的に一緒に買ったことにするのではなく、実際に共同で使うものであるかどうかに注意してください。

共同購入の例

例1 | 59万9,000円の資産をA社・B社で購入

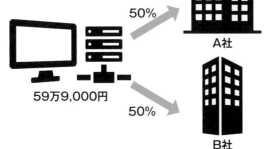

50%

1社あたりの取得価額
29万9,500円

A社

両社一度に
経費計上が可能

59万9,000円

50%

1社あたりの取得価額
29万9,500円

B社

例2 | 60万円の資産をA社・B社（持ち分比率60：40）で購入

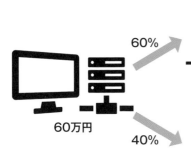

60%

A社の取得価額
36万円

A社

通常どおり
減価償却をする

B社の取得価額
24万円

B社

60万円

40%

一度に
経費計上が可能

節税のプロのアドバイス

単に共同購入するだけではなく、共同利用することが必要です。

60 建物購入時は建物と建物附属設備を区別する

購入時の適正な処理で大幅な節税の可能性も

🔍 早期に減価償却費を多く計上できる

建物を購入したとき、その取得価額の全額を建物として固定資産に計上し、減価償却をしている会社があります。

しかし、建物の取得価額には建物附属設備として経理できる部分が含まれていることがあります。その場合は、建物と建物附属設備の取得価額を区分して経理しましょう。**建物附属設備の耐用年数は建物よりも短いため、区分したほうが減価償却費を早期に多く計上できる**ためです。

たとえば鉄筋コンクリート造の事務所の建物を3,000万円で取得した場合、耐用年数は50年ですから、1年で経費にできる減価償却費は60万円（3,000万円×0.020）です。しかし**工事請負契約書**などをきちんと見ると、建物部分と各種設備の部分の代金を別々に記載してくれています。

たとえば、給排水・衛生・ガス設備は耐用年数が15年、消火・排煙設備は8年ですので、建物附属設備として区別すれば、1年で経費にできる減価償却費は大幅に増えます。

🔍 中古建物の場合

建物と建物附属設備の区分は、中古の建物の購入では難しいことが多いですが、合理的な方法で分ければ大丈夫です。方法の1つとしては、建物の工事に関する資料を入手し、建物と建物附属設備の各工事費の割合を中古で取得したときの未償却残高の割合で補正して各取得価額を区分するというものがあります（右ページ参照）。

また、売り主が契約書等から建物と建物附属設備を区分して減価償却をしていれば、売り主の固定資産台帳のコピーをもらうことで、その未償却残高から区分することもできます。

建物附属設備を区分する方法

| 例 | 購入代金5,000万円(建物附属設備を含む)中古建物の場合 |

①新築時の工事請負契約書によると、建物と建物附属設備の工事費の比率は、
  ・建物の工事費　70％
  ・建物附属設備の工事費　30％

②**中古購入時の未償却の割合**
  未償却の割合は、その資産の償却率に、新築からの経過期間をかけたものを差し引いて計算します。
  「1－償却率×経過月数÷12」
  ※償却率が年率（12カ月）で計算されているため、「÷12」をしています。

  便宜上、
  建物　90％
  建物附属設備　75％
  とすると

③**中古取得時の建物と建物附属設備の割合**
  （①を②で補正した割合）
  建物本体の取得価額
  　70％×90％＝0.63
  建物附属設備の取得価額
  　30％×75％＝0.225
  これを100％構成比に補正すると
  建物　**0.63→73.68％**
  建物附属設備　**0.225→26.32％**
  よって中古取得時の5,000万円を
  建物　3,684万円
  建物附属設備　1,316万円
  と分けることができる。

 節税のプロのアドバイス

売り主から区分経理に必要な資料をもらえるよう交渉してみましょう。

中古建物購入時は
土地と建物を区分する

売買契約書に金額の記載がない場合

🔍 土地価格の算出方法

　建物だけでなく、土地を一緒に購入することもあります。その場合は、建物と建物附属設備を分ける前に、土地と建物を分ける必要があります。

　土地と建物は、売買契約書から区分できることがほとんどです。それぞれの金額が記載されていなくても、土地は消費税が非課税ですので、消費税額が記載されていればそこから逆算することができます。

　もし消費税額が記載されていない場合は、①土地または建物の一方の金額を算出し、残りは差額とする方法、②全体の購入価額を土地建物にあん分する方法、③不動産鑑定士に評価を依頼する方法、④過去の売買価額や類似する物件の売買事例を基礎とする方法などが考えられます。①土地の金額は、路線価や公示価格によって算出する方法があります。国税庁の路線価は、時価の8割が目安ですので0.8で割り戻します。

　④は、中古で取得した日までの間の土地や建物価格の変動に注意が必要です。建物の損耗などを補正して合理性を確保する必要があります。

　①〜④はどの方法でも不合理となる点がなければ認められます。税務調査のときには計算根拠を示す資料（例：固定資産税評価額や路線価などを元に区分計算した資料）を残しておくようにしましょう。

🔍 建物の額をなるべく増やす

　土地は減価償却をしませんので、建物の額がなるべく多くなる方法としたほうが経費が多くなり、法人税等の節税になります。

　また、建物の購入に支払った消費税は納付すべき消費税と相殺されますので、建物のために支払った消費税や、売上高によって受け取った消費税の額によっては消費税が還付されることもあります。

建物金額の算出方法

消費税額から建物の金額を逆算する方法

例 ・土地・建物の購入金額2億円（内消費税800万円）と記載されている場合、消費税800万円を10％で割り戻すと、建物金額が8,000万円と分かります。

「建物の標準的な建築価額（国税庁）」により新築当時の建築価額を計算し、経過年数分の減価償却費を減算する方法

例 ・平成20年建築の鉄骨鉄筋コンクリート造の建物
（床面積200平方メートル）…「229.1」
229.1×1,000円×200平方メートル＝4,582万円

建物の標準的な建築価額表

(単位：千円／1㎡)

建築年＼構造	木造・木骨モルタル	鉄骨鉄筋コンクリート	鉄筋コンクリート	鉄骨
平成元年	123.1	237.3	193.3	128.4
2年	131.7	286.7	222.9	147.4
3年	137.6	329.8	246.8	158.7
4年	143.5	333.7	245.6	162.4
5年	150.9	300.3	227.5	159.2
6年	156.6	262.9	212.8	148.4
7年	158.3	228.8	199	143.2
8年	161	229.7	198	143.6
9年	160.5	223	201	141
10年	158.6	225.6	203.8	138.7
11年	159.3	220.9	197.9	139.4
12年	159	204.3	182.6	132.3
13年	157.2	186.1	177.8	136.4
14年	153.6	195.2	180.5	135
15年	152.7	187.3	179.5	131.4
16年	152.1	190.1	176.1	130.6
17年	151.9	185.7	171.5	132.8
18年	152.9	170.5	178.6	133.7
19年	153.6	182.6	185.8	135.6
20年	156	**229.1**	206.1	158.3
21年	156.6	265.2	219	169.5
⋮	⋮	⋮	⋮	⋮

節税のプロのアドバイス

契約書の記載金額が原則ですが、記載がない場合は節税になるよう処理しましょう。

62 特別償却と税額控除を活用する

中小企業の税負担を減らすための税制

🔍 どちらかを適用できる

中小企業の活発な設備投資により経済成長を促すための政策として、一定の設備投資を行った中小企業の税負担を減らす税制があります。

どのようにして税負担を減らすかというと、対象の設備を使用し始めた事業年度の法人税について青色申告をするときに「特別償却」か「税額控除」を適用できるというものです。

たとえば「中小企業投資促進税制」では、「特別償却30％」か「税額控除7％（資本金3,000万円以下の中小企業等のみ）」を選択できます。「特別償却」とは、減価償却費に上乗せできる償却費のことです。初年度のみ、通常の減価償却費と「取得価額×30％」の特別償却費を合わせて計上することができます。これに対し「税額控除」は、納税する法人税の額から「取得価額×7％」を差し引くことができます。

🔍 会社の状況に応じて有利なほうを選択する

どちらが有利になるかは会社の状況で変わります。特別償却を選べば初年度の節税額は多くなりますが、取得価額はいずれ経費になりますので、課税されるタイミングを将来に繰り延べる制度といえます。特別償却をしてもしなくても長期的に見れば経費になる合計額は同じとなります。

これに対して税額控除は、その年の納税額から直接差し引きます。よって長期的に見れば得をする節税方法は税額控除となるのが一般的です。

その年度の資金繰り、来年以降の利益予測などを総合的に考慮して、どちらかを選択するようにしましょう。

なお、「特別償却」は通常の減価償却費を控除したあとの残額、「税額控除」はその年の法人税の20％までが限度額です。

特別償却と税額控除の活用法

取得価額200万円の機械
（耐用年数5年、償却率0.400、改定償却率0.500、保証率0.10800）
で特別償却30％を適用する。

	特別償却あり	特別償却なし
初年度	140万円	80万円
2年度目	24万円	48万円
3年度目	18万円	28万8,000円
4年度目	17万9,999円	21万6,000円
5年度目	―	21万5,999円
合計額	199万9,999円	199万9,999円

初年度は、普通償却限度額80万円＋特別償却額60万円（200万円×30％）で合計140万円を償却できます。
残りの60万円は翌事業年度以降、耐用年数にしたがって通常の減価償却を行います。定率法の償却額の計算方法は、p130～131で解説しています。
経費にできる合計額は、特別償却を使っても使わなくても同じですが、初年度に経費にできる額が60万円多くなります。

例：税額控除
取得価額200万円の機械で税額控除7％を適用するときの控除額は14万円になります。仮に納税額が100万円であれば、86万円の納税ですみます。

特別償却・税額控除の繰越
特別償却不足額が生じたときや使いきれない税額控除が生じたときは、1年間繰り越すことができます。

節税のプロのアドバイス

会社の状況や将来を見て、どちらを選択するか検討しましょう。

固定資産除却損
を計上する

廃棄するにもお金がかかる……そんなときは

🔍 放置されている資産の扱い

　使うことができなくなった固定資産を廃棄処分したとき、減価償却が終わっていない未償却価額や備忘価額は、「固定資産除却損」などの勘定科目ですべて経費にすることができます。

　固定資産除却損の計上が認められるのは、通常その資産の廃棄処分をしたときです。しかし、廃棄にもお金がかかる場合があります。特に機械など大きな物は、専門業者に引き取りに来てもらわなければならない場合がほとんどです。捨てるとお金がかかる、あるいは捨てるための段取りがまだ済んでいないなどの理由で、使わないのに放置されている固定資産が帳簿に残っている場合、たとえ廃棄が済んでいなくても固定資産除却損を計上することが認められています。

　もし決算前などにこうした資産がないかを各部署に確認すれば、固定資産除却損を計上できる資産が見つかるかもしれません。ただし、使わなくなった固定資産にスクラップとしての価値があるときは、その価額を除いた残額を除却損として計上します（右ページ参照）。

🔍 使用しないことを証明できるようにしておく

　廃棄していない固定資産を除却損に計上することを、有姿除却（ゆうしじょきゃく）といいます。有姿除却ができるのは①今後、事業の用に供する可能性がないと認められるもの、②特定の製品の生産専用の金型などで、その製品の生産を中止したため使用される可能性がほとんどないことが状況等からみて明らかなもののいずれかとなります。

　したがって、廃棄していない資産について除却損を計上するときは、こうした状況にあることを証明できる資料を残しておきましょう。

使わない固定資産は有姿除却しよう

有姿除却

廃棄に費用がかかる等の理由で、使用しないのにもかかわらず放置されている固定資産は「固定資産除去損」として経費に計上できる。

Point 以下の2点のいずれかを証明できる資料を残しておく

①今後、事業に使用する可能性がない
②生産が中止された製品の生産専用の金型などで、使用する可能性がほとんどないことが状況等からみて明らかなもの

例

- 帳簿価額200万円のA機械（減価償却累計額150万円）
- A機械が製造していた製品が製造中止になり、使用する見込みがなくなった
- A機械のスクラップ価値は5万円

固定資産除却損計上金額
減価償却後の帳簿価額－スクラップとしての価額
（200万円－150万円）－5万円＝45万円

仕訳

（借方）減価償却累計額	150万円	（貸方）機械	200万円
固定資産除去損	45万円		
貯蔵品	5万円		

節税のプロのアドバイス

**除却損に計上できることの
説明資料を準備、保管しておきましょう。**

2つの節税が同時に叶う
「一括償却資産」

　これまで説明してきたとおり、減価償却資産は通常、定額法や定率法などの方法で行いますが、取得価額が20万円未満の減価償却資産については、「一括償却資産」として3年にわたって毎期均等償却することができます。たとえば、取得価額18万円の減価償却資産があれば、毎年6万円ずつ3年にわたって均等に償却（18万円÷3年＝1年あたり6万円）するという償却方法です。

　通常この一括償却資産を選択するのは、「10万円以上20万円未満」の資産を購入したときとなります。一括償却資産の選択により節税になる例としては、次のようなケースが考えられます。

　①耐用年数が4年以上の固定資産の場合

　②会社がすでに償却資産税（地方税）を納税している場合、またはもう少しで納税になる場合

　①のケースは一括償却資産が3年間で全額経費になることから、4年以上の耐用年数の資産については、「一括償却資産」による償却方法を選択したほうが早期に償却でき節税上有利になります。

　②のケースは、地方税である償却資産税（固定資産税の一部）を納税済みの会社では、資産計上される機械等の固定資産が増える都度、償却資産税も増税となります。ただし「一括償却資産」についてはこの償却資産税の対象外となります。すでに償却資産税を納税している会社や、もう少しで納税となる会社（課税標準額である資産金額が150万円に近い会社）は、「一括償却資産」による償却方法を選択すれば、減価償却費を増加させるだけでなく、地方税である償却資産税を節税することも可能となります。

Chapter **9**

決算直前、決算後に できる節税策

「もっと節税しておけばよかった……」と決算日前後にため息をつく経営者の方も多いのではないでしょうか。でもあきらめないで！ まだできることがあるんです。

64 消耗品の買い足しをする

必要な分のみ購入する

🔍 高価でない消耗品に限定される手段

決算日を迎える直前であれば、消耗品の買い足しをすることで節税できます。消耗品を購入したとき、原則は使った分だけを経費とし、未使用のものは、期末の数量を実査して、それを「貯蔵品」として資産計上します。たとえば、コピー用紙を年度中に10箱購入して期末の残数が2箱だった場合、その事業年度の経費になるのは、8箱分です。

会計処理の方法としては、購入時にすべてを消耗品費で処理し、決算で未使用分を消耗品費から貯蔵品に振り替える方法が一般的となります。しかし、①毎年おおむね一定数量を購入するものであること、②経常的に消費するものであること、③この処理方法を継続して適用すること、の3つをすべて満たす消耗品であれば、購入した事業年度にすべてを経費とする処理も認められます。

なお、それ自体に大きな価値のある物品では認められない処理ですので、この処理ができる消耗品は、事務用消耗品・作業消耗品（作業服、安全靴など）・包装材料・広告宣伝用印刷物・見本品などに限定されます。

各事業年度の消耗量がおおむね同じであれば、毎期この処理を継続することによって、経費になる額は毎年だいたい同じになっていきます。

🔍 「あと少し」というときに役立つ

では、この方法のメリットは何かというと、決算日を迎える直前になって「あと少し節税したい」というときに使える点です。たとえば、30万円未満の減価償却資産の購入による節税では、購入するだけでなく使用を開始しなければ節税になりませんが、この方法では使用する必要がないため、そうした時間がなくてもできる節税策になります。

未使用消耗品も経費計上できる

4月 → コピー用紙10箱購入

A3 A4 B4

3月 → 決算

期末：残数2箱
A4 A3

【原則の仕訳処理】
● コピー用紙10箱（1箱3,000円）を購入したとき

（借方）消耗品費	30,000円	（貸方）現金	33,000円
仮払消費税等	3,000円		

● 期末の残数2箱

（借方）貯蔵品	6,600円	（貸方）消耗品費	6,000円
		仮払消費税等	600円

①毎年おおむね一定数量を購入するものであること。
②経常的に消費するものであること。
③この処理方法を継続して適用すること。

➡ この条件を満たせば、期末の仕訳は不要！
3万円（10箱分）が経費に！

節税のプロのアドバイス

塵も積もれば山となります。必要な物品購入であれば検討しましょう。

65 決算賞与を支給する

多額の経費計上が見込める

従業員のモチベーションも上がる

　会社の決算時に多額の利益が見込まれる場合、従業員に「決算賞与」を支給することで経費を計上し、納税額を下げることができます。

　節税以外の「決算賞与」を支給するメリットとしては、**従業員のモチベーション、満足度アップが期待できる**点です。会社組織の成長発展には、従業員のモチベーションや満足度アップが不可欠です。

　なお、納税額は減額することになりますが、会社の手元資金は減少することになりますので、注意が必要です。しかし決算賞与は、会社の成長発展のための未来への投資として支給を検討するのが、会社の健全な経営活動と経営者の責務といえます。

決算後の支給でも要件を満たせば経費に

　決算賞与は通常、決算日の前後に支払われます。決算前に支給している場合には全額が経費となりますが、会社が資金繰りの関係で、決算日までに決算賞与を支給できないというケースも考えられます。

　その場合でも、以下の要件を満たせば決算前に支給していなくても、つまり未払いであっても、全額を決算時に経費とすることができます。

　①決算日までにその支給額を、各人別に、すべての従業員に対して通知をしていること、②通知をした金額を、決算日の翌日から1カ月以内に、すべての従業員に全額支払うこと、③通知した金額を、今期の経費として経理上、損金処理していること（未払金として経費計上していること）。

　なお、決算賞与に係る社会保険料については、決算賞与を支払った月の月末に支払義務が確定するため、未払いの決算賞与の社会保険料については、今期の経費として処理することはできませんので注意してください。

決算賞与支給時の注意点

●決算後の支給でも全額が経費になる要件

①決算日までにその支給額を、各人別に、すべての従業員に対して通知をしていること

②通知をした金額を、決算日の翌日から1カ月以内に、すべての従業員に全額支払うこと

③通知した金額を、今期の経費として経理上、損金処理していること（未払金として経費計上していること）。

●要件を満たしていても未払いで計上した決算賞与が経費として認められないケース

①**決算賞与の通知をしたが支払いを受けられなかった従業員がいた場合**
決算賞与の通知を全員に行った後、退職をして支払いを受けられなかった従業員が1人でもいた場合は、従業員全員分の決算賞与を今期の経費として認められません。

②**決算賞与の通知と異なる額の支払いを受けた従業員がいた場合**
決算日後に決算賞与を支給し、その額が通知額と異なる人が1人でもいた場合、今期の経費としての処理が認められなくなります。

③**決算賞与は在籍している従業員のみに支払うと決めていた場合**
決算賞与の通知から支払いまでに退職者がいなかったとしても、給与規則等で賞与支給日までに在籍していない従業員には決算賞与を支給しないと規定している場合、決算日時点では未払いの決算賞与金額が確定していないものとみなされ、全額今期の経費計上が認められないことになります。

節税のプロのアドバイス

従業員満足度も上がる将来への良い投資・節税策になります。

66 不良債権は貸倒処理する

決算日の前に債権をチェックしておく

待っていても回収できないのなら……

　決算時に、売掛金や貸付金といった未回収の債権がある場合、それが回収不能であるとして、大きく分けて3つのケースで「貸倒損失」として経費にすることができます。①債権が債務整理の手続き等で法的に消滅した、②相手の支払能力等からみて債権の全額が回収不能といえる状態になった、③一定期間弁済がないなどの形式的な条件にあてはまっている。

　このどれか1つにあてはまれば、貸倒損失を計上することができます。詳しい条件は、右ページにまとめています。

　もちろん、せっかくの債権を貸倒れとして扱うことはしたくないことでしょう。しかし、利益の出ている事業年度に不良債権を整理して貸倒損失に計上すれば、貸倒損失に計上した額の約33％分の資金を会社に残すことができます。回収不能の不良債権を約33％回収できた、と考えることもできますし、会社の財務状況を正しく把握することにもつながります。待っていても回収できないものは、決算前にしっかりチェックしましょう。

計上額等の違いに注意

　①～③のどのケースにあてはまるかで、貸倒損失に計上できる金額や債権の範囲に違いがあります。

　①は切り捨てられた額や会社側から債務免除をした額が貸倒損失になります。②は債権の「全額」が回収できないことが明らかになった場合のみですので、たとえば貸付金の一部だけを貸倒損失とすることはできません。また担保があるときは、その担保の処分を先行させる必要があり、その担保の処分価額を差し引いた後の残りが貸倒損失になります。③は、貸付金には使えないことと、備忘価額として1円を残すことに注意が必要です。

不良債権をうまく活用しよう

> 貸倒損失を経費にすれば、計上額の約33%に相当する法人税等が減少する ➡ 債権金額の約33%を回収できたのと同じ効果が得られる

●各基準の内容と貸倒損失に計上できる額

基準内容	計上可能額
ケース①　債権が債務整理等で法的に消滅した場合	
会社更生法、民事再生法などの法的整理手続きにより切り捨てられた債権があるとき	切り捨てられた金額
私的整理手続き（関係者の協議や第三者機関のあっせんで進められた手続き等）によって切り捨てられた債権があるとき	切り捨てられた金額
相手の債務超過状態が相当期間あるときで、こちら側から債務免除をしたとき	債務免除額

このとき、「債権放棄通知書」などの書面により相手方に不良債権の放棄を通知することが必要になります。債務免除額もこの書面に記載された金額から判断します。
債務免除は、こちら側からのアクションで貸倒損失を計上することができるものですので、会社の利益が多額に計上されている事業年度に、相手方に債権放棄を通知して債権を整理することで節税することも可能です。

ケース②　債務者の資産状況、支払能力からみて債権の全額回収が不能であることが明らかになった場合	
Ⅰ　債務者の死亡、失踪、行方不明など Ⅱ　債務超過の相当期間の継続と事業再生の見通しがないとき Ⅲ　災害や事故、経済事情の急変など	回収不能額（債権の全額から担保の処分価額を差し引いた額）

担保があるときは、まずそれを処分してからでないと貸倒損失の処理はできません。また債権の「全額」が条件になっていますので、一部を切り離して貸倒れとすることもできません。

ケース③　一定期間弁済がないなどの条件にあてはまっている場合	
売掛債権について次の事実があった場合 Ⅰ　債務者との取引を停止したとき以後1年以上を経過した場合 Ⅱ　同一地域の債務者について有する売掛債権の総額が、その取立てに必要な旅費その他の費用に満たない場合に、督促をしても返済が無い場合	売掛債権の金額から備忘価額1円を差し引いた残額

備忘価額を残す理由ですが、③は、形式的な条件にあてはまれば、こちら側の判断で貸倒損失を計上できる内容になっているため、後に相手から返済がある場合が考えられるからです。
なお、この③のみ、貸付金には使えないルールがありますので、売掛金や未収金などに使います。

 節税のプロのアドバイス

回収の見込みがない債権であれば、貸倒処理も検討しましょう。

67 棚卸資産、固定資産、有価証券の評価損を計上する

決算時に該当資産がないか要チェック

🔍 限定的なケースではあるが

　会社が期末に保有している棚卸資産、固定資産、有価証券は、一定の理由からその時価が帳簿価額よりも下がっているとき、評価損を計上して経費にすることができます。通常、使えなくなった資産を処分すれば、その時点の帳簿価額と売却額との差額で確実な損失を測定できますが、ここでは、会社でまだ保有している物を経費とする処理になります。

　金銭的な損失がまだ現実に発生していないものが対象ですから、評価損が経費として認められるケースは限定的です。評価損を計上するときは、金額の根拠となった資料は残しておきましょう。もし条件にあてはまる資産があれば、決算日を迎えた後でも節税できる点にメリットがあります。

🔍 評価損を計上できる条件

　評価損を計上できる条件は、棚卸資産であれば①災害で著しく損傷した、②著しく陳腐化した、③破損、型崩れ、品質変化などにより、通常の方法によって販売することができないようになったなどの理由によって、簿価よりも価値が低いと認められる場合です。

　固定資産なら①災害で著しく損傷した、②１年以上にわたってその資産が遊休状態にある、③本来の用途で使用不能になったため、他の用途で使用されている、④その資産が所在する場所の状況が著しく変化した、⑤やむをえない事情により、その取得時から１年以上事業に使用されていないためその価額が低下したと認められる、といったケースが該当します。

　売買目的の有価証券であれば、その市場価額が帳簿価額のおおむね50％を下回る場合、それ以外の有価証券では、発行する法人に著しい資産状態の悪化があるケースが該当します。

評価損の経費計上可否の基準

評価損を計上できるケース

●棚卸資産

以下の理由などで簿価よりも価値が低いと認められる場合
- 災害で著しく損傷した
- 著しく陳腐化した
- 破損、型崩れ、品質変化などにより、通常の方法によって販売することができなくなった

●固定資産

- 災害で著しく損傷した
- 1年以上にわたってその資産が遊休状態にある
- 本来の用途で使用不能になったため、他の用途で使用されている
- その資産が所在する場所の状況が著しく変化した
- やむをえない事情により、取得時から1年以上事業に使用されていないため価額が定価したと認められる

●有価証券

- 市場価額が帳簿価額のおおむね50%を下回る
- 発行する法人に著しい資産状態の悪化がある

評価損を計上できないケース

●棚卸資産

- 物価変動や過剰生産等の事情による低下

●固定資産

- 過度の使用または修理の不十分等により当該固定資産が著しく損耗していること。
- 減価償却を行わなかったため償却不足額が生じていること。
- 固定資産の取得価額がその取得のときにおける事情等により同種の資産の価額に比して高いこと。
- 機械および装置が製造方法の急速な進歩等により旧式化していること。

節税のプロのアドバイス

評価損を計上した場合、その根拠となる資料を残しておきましょう。

68 生命保険を活用する

決算直前でも可能

定期保険を活用する

役員や従業員の死亡リスクに備えるために、会社で役員や従業員を被保険者とする生命保険に加入することがあります。会社が支払う保険料は、その全額、あるいは一定の割合まで経費にすることができます。

保険料の全額が経費になるものとしては、定期保険（終身ではなく、限られた期間の死亡保障をする保険）のうち、途中で解約したときの解約返戻金がないタイプ（いわゆる掛け捨て保険）です。

もちろん、保険料の前払いをしたときは、前払保険料として、期間の経過に応じて保険料に振り替えて経費にしますが、1年更新の保険であれば短期前払費用の処理もできます。このように、会社で生命保険に加入すれば、役員や従業員の死亡保障をしながら会社の節税ができます。

保険金の受取人は、会社と被保険者本人（遺族）のどちらでもかまいません。ただし、被保険者（遺族）とする場合は、特定の役員や従業員だけを被保険者にすると、会社が負担する保険料をその人に対する給与として扱わなければならないので注意してください。

解約返戻金がある生命保険で節税するには

掛け捨てではなく、解約返戻金がある生命保険にこれから加入するときは注意が必要です。令和元年7月8日以降に新しく契約する生命保険やがん保険（第三分野の保険）は、保険期間が3年以上であり、かつ、その最高解約返戻率が50％を超える場合、少ない割合でしか経費に算入することができません。ただし、この保険のうち最高解約返戻率が70％以下で、かつ、その被保険者の年間の保険料が30万円以下の保険であれば、掛け捨ての定期保険と同じ処理が認められます。

保険金の節税効果は弱まった

令和元年7月8日以降に新規で契約した定期保険のうち、保険期間が3年
以上で、かつ最高解約返戻率が50%を超える保険は、【表1】【表2】の
割合で経費にすることとなります。最高解約返戻率が高いほど、すぐに
節税効果を得ることができないようになりました。

【表1】最高解約返戻率50%超～85%以下

最高解約返戻率	保険期間の開始後	保険期間の40%経過後	保険期間の75%経過後
50%超70%以下	損金算入：60% 資産計上：40%	損金算入：100% 資産計上：0%	損金算入：100% 資産計上：0% 過去の資産計上分：損金算入
70%超85%以下	損金算入：40% 資産計上：60%	損金算入：100% 資産計上：0%	損金算入：100% 資産計上：0% 過去の資産計上分：損金算入

【表2】最高解約返戻率85%超

最高解約返戻率	保険期間の開始後	保険期間の開始から10年後	最高解約返戻率期間経過後
85%超	損金算入：10% 資産計上：90%	損金算入：30% 資産計上：70%	損金算入：100% 資産計上：0% 過去の資産計上分：損金算入

● **解約返戻金があっても、掛け捨ての定期保険と同じ処理ができるもの**
- 保険期間3年未満
- 最高解約返戻率50％以下
- 保険期間3年以上、最高解約返戻率50％超の保険のうち、最高解約返戻率が70％以下で、かつ、年換算保険料相当額が1人の被保険者につき合計30万円以下の保険料である保険
- 払い戻しがごく少額である保険のうち、年間の保険料支払額が1人の被保険者につき合計30万円以下である保険（令和元年10月8日以降）

節税のプロのアドバイス

決算月になっても使える節税策ですが、慎重に検討するのがベターです。

69 レバレッジドリースを活用する

大きな金額の節税をしたい場合に

レバレッジドリースとは？

　決算前に大きな節税策を講じたいときは、**レバレッジドリース**の活用を検討しましょう。レバレッジドリースとは、リース事業を行う匿名組合等が、金融機関の融資や複数の法人から出資を集めて航空機や船舶など高額な物件を購入して事業者にリースし、リース料で収益を上げる事業のことです。組合が得た利益は、出資者の出資額に応じて分配され、損失についても出資額を上限に分配されます。

　レバレッジドリースを活用した節税とは、この組合に対し、出資者として投資をすることです。

決算前に多額の節税ができる策

　まず、航空機や船舶などの購入初期は、定率法による減価償却によって巨額の費用が計上されます。たとえば航空機の耐用年数は、最大離陸重量が130トンを超えるものが10年、130トン以下で5.7トンを超えるものが8年、それ以下は5年です。もし耐用年数8年、5億円の航空機であれば、初年度の減価償却費は1億2,500万円となります（右ページ参照）。

　組合ではこのように巨額の費用が計上できるため、初年度や2年度目の組合は赤字となることが一般的です。この損失の分配を出資者として会社が受けることによって、会社の節税ができます。決算前にまとまった節税策を講じたいときに活用のメリットがあるでしょう。

　ただし定率法による減価償却では、徐々に費用の計上額は少なくなります。**リース事業が順調にいけばいずれ黒字に転じるため、レバレッジドリースも生命保険と同様、課税の繰延べと理解することが重要です。**利益が得られたときの出口を設計しておくことが重要となります。

レバレッジドリースの仕組み

	5億円の資産の減価償却費推移
初年度（12カ月と仮定）	1億2,500万円
2年度	9,375万円
3年度	7,031万円
4年度	5,273万円
5年度	3,955万円
6年度	3,962万円
7年度	3,962万円
8年度	3,939万円

節税のプロのアドバイス

初年度に多額の経費計上ができますが、貸倒リスクもあるので慎重な判断を。

70 未払費用、未払金を計上する

余分なお金のかからないお手軽な節税

決算日後でもできる節税策がある

　決算書を作成してから「もっと節税しておけばよかった」というのは、よくあることです。たしかに期中のほうが効果的な節税策を多く選択できますが、決算日を過ぎた後でもできる節税策があります。その1つが、決算日の時点で未払いの費用を未払金として計上することです。

　未払金として経費にできるものは、①決算日までに債務が成立している、②その債務に基づき支払いの原因となる事実が発生している、③決算日までにその金額を合理的に算定できる、の3つをすべて満たすものになります。

　計上しやすいものとしては、決算月の水道光熱費、インターネット利用料、携帯電話会社への通信費、保険料、保守料、社会保険料（法定福利費）などのように、月払いの料金で、その支払いが翌月となる料金です。3月決算の会社であれば、3月分の料金で未払いのものを経費として計上できます（右ページ参照）。

締日から期末までの日数分も計上可能

　会社によっては給与の締め日を20日や25日などに設定していますが、こうした場合、締め日から期末までの日数分の給与についても未払い計上することができます。たとえば3月決算の会社で、給与の締め日が毎月20日の場合、3月21日から3月31日までの11日分に相当する給与を経費にできるということです。通勤手当があるときは、その計算期間が給与と同じであれば、給与と一緒に日数分の未払い計上することができます。ただし、役員報酬については労働日数で日割りするという概念がないため、日数分を未払い計上することはできないので注意してください。

未払金を活用した経費計上

| 例 | 3月決算法人で令和3年3月に発生した水道料1万円 |

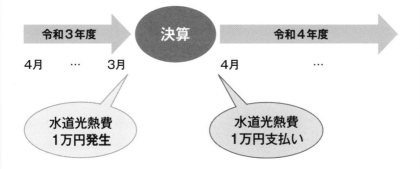

令和3年度　→　決算　→　令和4年度

4月　…　3月　　　4月　　　…

水道光熱費
1万円発生

水道光熱費
1万円支払い

支払うのは令和3年4月だが、令和3年3月期の経費にできる

仕訳			
3/31　水道光熱費　　1万円	未　払　金　　1万円
摘要　　○○市水道局3月分水道料			

未払金は、法人税の申告書と一緒に提出する「勘定科目内訳明細書」の「買掛金（未払金・未払費用）」の内訳書に記載します。50万円以上の買掛金・未払金・未払費用が5口未満のときは、多額のものから5口程度記載し、あとは一括記入することも認められます。

節税のプロのアドバイス

決算日後に計上できる経費がないか、会社の経理資料を再確認しましょう。

71 繰延資産を随時償却する

会社の任意で調整できる費用

🔍 繰延資産の随時償却（任意償却）

　繰延資産とは、会社が負担する費用のうち、その支出の効果が1年以上に及ぶものをいいます。たとえば、会社を設立するときにかかる登記のための費用（税金や専門家への報酬など）は**創立費**として繰延資産にあたります。ほかにも、**開業費、開発費、株式交付費、社債等発行費**といったものが繰延資産にあたります。名前は「○○費」ですが、貸借対照表上の「資産」の部に表示され、減価償却のように簿価を償却しながら経費にしていきますが、通常の減価償却よりもルールが緩やかになっています。

　繰延資産の償却費は、創立費、開業費、開発費であれば5年、株式交付費、社債等発行費は3年で均等に計上されますが、**税法上は、いつ償却してもよいこととされています。**したがって、利益の出ていない事業年度は1円も経費にせず、利益の出た事業年度に全額を経費にする、ということも認められるのです。

　決算日を迎えた後でもう少し節税したいというとき、繰延資産の中にこれらの未償却残高があれば、償却費を計上して経費を増やすことができますので、貸借対照表をチェックしてみてください。

🔍 随時償却ができない繰延資産

　ほかにも、税法上は公共的施設の設置や改良費などを繰延資産として扱いますが、好きなタイミングで償却できるのは先述の5つに限られます。

　それ以外の税法上の繰延資産は、それぞれ定められた期間での均等償却が必要になります。任意償却しないように注意してください。なお、均等償却が必要な繰延資産でも、支出額が20万円未満であるものは、繰延資産とせずに、支出した事業年度に全額を経費にすることができます。

随時償却ができる繰延資産

好きなタイミングで償却できる5つの繰延資産

創 立 費	発起人に支払う報酬、設立登記のために支出する登録免許税その他法人の設立のために支出する費用で、当該法人の負担に帰すべきもの
開 業 費	法人の設立後、事業を開始するまでの間に開業準備のために特別に支出する費用
開 発 費	新たな技術もしくは新たな経営組織の採用、資源の開発または市場の開拓のために特別に支出する費用
株式交付費	株券等の印刷費、資本金の増加の登記についての登録免許税その他自己の株式（出資を含む）の交付のために支出する費用
社債等発行費	社債券等の印刷費その他債券（新株予約権を含む）の発行のために支出する費用

例：利益の出た事業年度に全額を経費にすることもできる

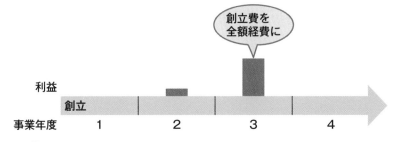

創立費を
全額経費に

利益

創立

事業年度　1　2　3　4

節税のプロのアドバイス

節税には上記の繰延資産をうまくコントロールすることが必要です。

72 税法上の短期前払費用を活用する

決算直前で年払い契約できるものがないか確認

🔍 翌年度分の支払いも支払った年度の経費にできる

通常、費用は期間の経過に応じて計上しなければなりません。

たとえば3月決算の法人が月1,000円の保険料を、10月分から翌年9月分までの1年分を期中に前払いして1万2,000円支払ったとき、10月分から翌年3月分の6,000円が当期の経費に、4月分から9月分の6,000円は前払費用として資産計上して、翌期の費用とすることが原則です。

しかし、①一定の契約に基づき継続的に役務の提供を受けるために支出した費用であること、②期末の時点では役務の提供を受けていないが、支払った日から1年以内に受けること、③毎期継続して支払った日の属する事業年度の経費にする処理をすること、この要件をすべて満たせば、支払った全額を、支払った日の属する事業年度の経費にすることができます。

先ほどの保険料であれば、4月から9月分の6,000円を前払費用に振り替えず、当期の経費にすることができるということです。この処理ができるのは継続的な「役務の提供」ですので、物品の購入費には使えない点に注意してください。

🔍 初年度が最も効果アリ

なお、毎月同額の契約でこの処理を続ける場合、複数年で見れば、各事業年度で経費になる金額は同じになります。よって、**節税効果を最も得られるのは、この処理を始める初年度**です。決算後にこうした契約を年度内に締結していないか見直してみましょう。

それから、収益と対応している費用を前払いしたときには、このルールは使えません。たとえば借入金を有価証券等で運用している場合、借入金の利息は、収益と対応させる必要があります。

翌期分の保険料を経費計上する

- 3月決算法人が月1,000円の保険料を、10月に1年分として12,000円を前払いしたときの短期前払費用の扱い

（借方）　保険料	12,000円	（貸方）　現金	12,000円

- 決算整理

（借方）　前払保険料	6,000円	（貸方）　保険料	6,000円

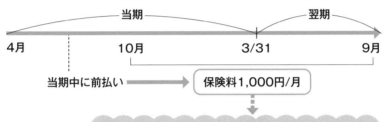

要件を満たせば、翌期分の保険料も当期の経費にできる

> 通常、6,000円は翌期の費用となり、当期の費用になりません。
> ただし、短期前払費用の条件を満たすときは、期末の処理をせず、1年分の12,000円を当期の経費にできます。

節税のプロのアドバイス

3つの要件をすべて満たす必要があるので注意してください。

決算賞与は「記録」を残して なるべく決算日前に支給しよう

　決算日前に大きな節税ができる「決算賞与」の支給（→P154）ですが、税務調査により決算賞与が経費として認められない場合があります。決算賞与を否認されないよう、なるべく下記のポイントに注意してください。

　①決算日前に賞与を支払う

　未払いであっても、P154で紹介したように、要件を満たすことで今期に経費計上できますが、税務調査で否認される可能性もありますので、資金繰りに問題がなければ、できる限り決算前に支払うようにしましょう。

　②決算賞与の支給通知を書面で行う

　税務調査が入った場合に、決算日前に支給通知を行った証拠を提示できるように、決算賞与の通知は口頭ではなく書面やメール等、日付が記録できる手段で行うようにしましょう。

　③銀行振り込みで行う、または現金払いのときは領収書をもらう

　支払いに関しても同様に、書面やメール等の証拠を残すことが重要です。できる限り銀行振り込みで支払いを行って履歴を残すようにしましょう。また、現金払い時には必ず従業員から領収書を書いてもらい、履歴を残しておきましょう。

Chapter **10**

その他の節税と
税務調査対策

最後に、ここまで紹介できなかった節税策と、税務調査への
対策を紹介します。追徴課税が発生することのないように、
日頃から気をつけておくべきことを知っておきましょう。

73 子会社、関連会社を活用する

子会社を設立するなら資本金を少なくしよう

🔍 所得や資金を分散させる

会社の売上の規模が大きくなってくると、子会社や関連会社を新設して、所得や資金を分散させる方法が節税に有効となります。子会社とは50%を超える株式を、関連会社とは20%を超える株式を保有する会社のことです。なぜこれが節税になるのかというと、**資本金の額や所得が小さいほど税負担が軽くなるしくみがあるからです。**

🔍 資本金を小さくするメリット

法人税は、法人の所得に対して23.2%で計算されますが、期末における資本金が1億円以下の法人であれば、所得のうち年800万円以下の部分に15%（一般社団法人・一般財団法人は19%）の軽減税率を適用することができます。

投資促進税制、**経営強化税制**という制度も使えます。これは一定の固定資産の取得時に、特別償却や税額控除によって税負担を軽減できる税制のことです。資本金の額が1億円以下の青色申告法人にのみ認められます。さらに資本金3,000万円以下の法人であれば、より多くの税額控除を適用することができます（→P146）。

また、交際費を1事業年度あたり800万円まで経費にできる（→P84）ことや、30万円未満の少額減価償却資産の特例の対象になる（→P138）などのメリットがあります。

ただし、1つの大規模法人（資本金が1億円を超える会社や、資本金5億円以上の会社との間に100%の完全支配関係がある会社）に発行済株式の総数の2分の1以上を所有されている会社や、複数の大規模法人に発行済株式の総数の3分の2以上を所有されている会社には使えません。

資本金1,000万円未満のメリット

●法人事業税の所得割の軽減税率

法人事業税の税額の一部（所得割）の計算には、法人の種類・業種にもよりますが、所得のうち年800万円以下の部分に軽減税率が適用されます。ただし、資本金の額が1,000万円以上で、かつ3つ以上の都道府県に事務所や事業所を設けて事業を行う場合は、軽減税率が適用されなくなるため、資本金の額を1,000万円未満にすることがポイントになります。

●2期目まで消費税が免税になる

設立したばかりの法人には、消費税の納税義務を判定する「基準期間」が存在しないため、設立1期目・2期目は消費税の納税義務が基本的には生じません。しかし資本金1,000万円以上で設立すると、1期目・2期目であっても納税義務が自動的に生じますので、資本金を1,000万円未満とすることが2期分の消費税を節税するポイントになります。ただし特定期間(前事業年度開始から6カ月間)の課税売上高か給与のどちらか一方が1,000万円を超えると納税義務が生じますので、資本金にかかわらず2期目から課税事業者になることもあり得ます。このときは、特定期間の給与の額を調整するとよいでしょう。なお課税売上高が5億円を超える法人の子会社などは免税にならないため注意してください。

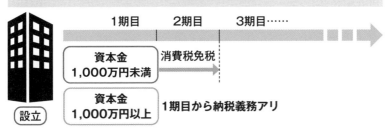

節税のプロのアドバイス

節税のメリットと、余分な費用が生まれるデメリットを比較し、検討しましょう。

74 消費税簡易課税制度を活用する

売上高が年間5,000万円以下の法人は要検討

納税額を減らすことができる制度

基準期間（通常、2期前）の課税売上高が1,000万円を超えると消費税の納税義務が生じますが、これが5,000万円以下の場合、「消費税簡易課税制度選択届出書」を事業年度の開始前に提出することで、「簡易課税」によって消費税の計算をすることを選択できます。

簡易課税とは、受け取った消費税に「みなし仕入率」をかけて仕入控除税額を計算する方法です。一般課税のように支払った消費税額を区分しなくてよい上に、みなし仕入率を使ったほうが、一般的には仕入控除税額が多くなり、納付すべき消費税が減ることが多いため節税に有利です。

複数の業種で事業を行う企業のみなし仕入率

みなし仕入率は、課税売上高を生み出している業種によって、第1種事業〜第6種事業に分かれています（右ページ参照）。

たとえば、第1種事業のみなし仕入率は90％です。もし第1種事業の課税売上高が3,300万円（うち消費税額300万円）であれば、仕入控除税額は270万円（300万円×90％）となり、納税額は30万円になります。

2種以上の事業で課税売上高があっても、うち1種の課税売上高が全体の75％以上を占めるのであれば、その業種のみなし仕入率を全体の課税売上高に対して適用できます。

また、3種以上のときで、うち2種の課税売上高が全体の75％以上であれば、2種のうちみなし仕入率の高い業種はそのみなし仕入率を、残りの業種は2種のうち低いほうのみなし仕入率を適用できます。この75％のルールによって、本来のみなし仕入率よりも高い率を使って仕入控除税額を計上できる場合があります。

業種によって違う「みなし仕入率」

	みなし仕入率	

	業　種	みなし仕入率
第1種事業	卸売業	**90%**
第2種事業	小売業、農業・林業・漁業 （飲食料品の販売業）	**80%**
第3種事業	農業・林業・漁業 （飲食料品の販売業を除く）、 製造業、建設業、製造業、電気業、ガス業、 熱供給業および水道業	**70%**
第4種事業	第1～3種事業、 第5種事業・第6種事業以外の事業	**60%**
第5種事業	運輸通信業、 金融・保険業 、 サービス業	**50%**
第6種事業	不動産業	**40%**

節税のプロのアドバイス

**経費に占める人件費などの割合が多い
業種は簡易課税を検討しましょう。**

事業承継税制を活用する

早めの対策が必要

🔍 事業承継時の税負担に備える

　会社を設立したら、いつか考えなければならないのが事業承継です。株式会社の事業承継は、株式を後継者に渡すことで行われますが、それが贈与なのか、相続なのか、それとも売却なのかによって、後継者が負担する税金の種類が変わります。

　中小企業の事業承継で、親族や社内に後継者として適任な者がいる場合は、贈与や相続によってその人物が株式を取得することが多いでしょう。しかし、何の対策もしていないと、株式を取得した後継者には、その株式の評価額に対する贈与税・相続税が発生します。

　非上場株式の評価額は、主に1株あたりの純資産や利益、配当によって上がります。現金を取得するわけではないため、発生する税金はすべて後継者個人が負担しなければなりません。この税負担が障壁となり、事業承継が進められなくなることもあります。

　こうした事態に備える方法の1つが、**非上場会社の事業承継税制の活用**です。

🔍 メリット多数の「特例措置」

　事業承継税制とは、**後継者に発生する贈与税や相続税の納税をいったん猶予し、その後一定の要件を満たすと納税が免除される制度**になります。この税制には、「一般措置」と期間限定で通常より有利に適用できる「特例措置」があります。特例措置のメリットは、最大3人までの後継者に適用できる点（一般措置は1人まで）、贈与や相続によって後継者が取得したすべての株式が納税の猶予・免除の対象になる点（同最大3分の2まで）、猶予される税額が100％である点（同特例の80％）にあります。

非上場会社の事業承継税制とは

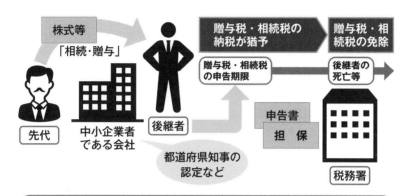

株式等「相続・贈与」

先代 / 中小企業者である会社 / 後継者

贈与税・相続税の納税が猶予 → 贈与税・相続税の免除

贈与税・相続税の申告期限 → 後継者の死亡等

都道府県知事の認定など

申告書 / 担保 / 税務署

	一般措置	特例措置
適用可能な後継者	1人	3人
猶予・免除の対象になる株式	最大3分の2まで	すべて
猶予される税額	80% ※贈与の場合一般措置でも100%	100%

この特例を適用するには、令和8年3月31日までに、知事の確認を受けた事業承継計画によって、令和9年12月31日までに贈与や相続をすることが必要になります。また、贈与後・相続開始後の一定期間内（※）に「円滑化法の認定」（適用要件を満たしているかどうかの認定）も別途受ける必要があります。猶予を受けている間は、税務署に「継続届出書」を提出し続ける必要があります。

（※）贈与…贈与をした翌年の1月15日まで。
　　　相続…相続開始後8カ月以内

納税猶予を受けても、
・途中で株式を売却する
・後継者が会社の代表権を有さなくなる
などの一定の要件にあてはまると、猶予されている贈与税・相続税を納付しなければならなくなります。ほかにも細かい要件がありますので、適用したいときは事前に税理士に相談することをおすすめします。

節税のプロのアドバイス

中小企業のオーナーは、ゴール（事業承継）を見据えて対策をしておきましょう。

76 自社株の購入と税金の関係を知る

自社株購入にも税金が必要なケースがある

🔍 事業承継税制が適用されないときは

　非上場会社である中小企業の場合、株主から後継者への株式の贈与や、株主の死亡による相続において、多額の贈与税・相続税の納税が必要になる場合があります。このようなときは、贈与や相続の前に、会社が社長などから自社株を購入する方法があります。これによって**個人保有の株式数を減らせば、その分、贈与や相続で発生する税金を減らすことができます。**

　さらに自社株の購入は、株式が複数人に分散しているときの整理にも有効です。資金調達のため株式が複数人の手に渡っている場合、株主の相続等で経営に関係のない人に株式が分散する可能性がありますが、その前に個人に分散している株式を会社が買い取ることで、**議決権を整理すること**ができます。

🔍 自社株購入にかかる税金

　自社株を個人から購入する場合、会社に法人税はかかりませんが、個人に支払われた売却代金には所得税が生じます。個人が得た売却代金のうち、資本の払い戻しにあたる部分は、その**売却益（売却収入－必要経費）が「譲渡所得」になり、一律で 20.315％（所得税＋住民税）の分離課税が行われます。**これに対し、資本の払い戻し部分を超える売却代金は、剰余金の配当とみなされて、「配当所得」として課税されます。**配当所得は、総合課税であるため、給与所得など他の所得と合算して 5％～ 45％の所得税と 10％の住民税がかかります。**

　なお、相続や遺贈によって株式を得た人から、相続税の申告期限の翌日から 3 年以内に自社株買いを行えば、売却代金を配当とみなすことはせず、全額を譲渡所得の計算対象にすることができます。

会社が自社の株式を買い取る

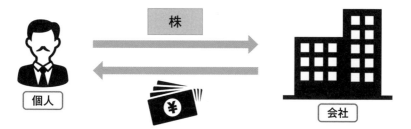

個人　株　会社

会社側：法人税なし（配当部分は源泉徴収が必要）
個人側：所得税（資本の払い戻し…譲渡所得税20.315%、それを超える
　　　　部分…配当所得5% ～ 45%とみなされる）

例
- 1株あたりの資本金10万円
- 社長個人から10株を150万円で購入
- 150万円のうち、資本の払い戻しは100万円（10万円×10株）
- 100万円は社長個人の譲渡所得に、50万円はみなし配当として社長個人の配当所得になる

50万円　みなし配当　…配当所得（所得税5 ～ 45%＋住民税10%）

100万円　資本金の払い戻し　…譲渡所得（20.315%）

節税のプロのアドバイス

事業承継税制が適用できないときには、自社株購入も検討しましょう。

税務調査について知っておく

法人であれば3～5年に一度はあると考える

🔍 税務調査とは？

　税務調査とは、**会社や個人による税務申告が正しく行われているかどうかを税務署等が調べること**です。必要に応じて、職員が会社等にやってくる「実地調査」が行われます。平成30事務年度の法人税の実地調査は約9万9,000件、そのうち非違（何らかの誤り・不正）があったのは約7万4,000件でした。近年の実調率（法人数に対する実地調査の実施率）は、3％台で推移していますが、一度の調査で過去3年分ほどをチェックしますので、申告件数に対する割合でいうともっと高くなるといえます。

🔍 税務調査で指摘を受けたら……？

　実地調査の際は、原則、会社に事前通知が行われます。通知される内容は、調査の開始日時、場所、対象の税目、対象事業年度、対象の帳簿書類などです。ただし、事前通知により調査に支障をきたすおそれがあると認められる場合には、予告なしにやってくることもあります。事前調査の通知相手を、会社ではなく会社の担当税理士にすることもできます。

　申告内容に間違いがあれば、税務署等から「更正（決定）」という処分の通知が会社宛てに行われます。簡単にいうと「調査した結果、正しい所得は○○円で、正しい納税額は○○円でしたよ」というお知らせです。すでに行われている申告に対する処分は更正、無申告なら決定になります。この通知があったときは、内容にしたがって修正申告等を行い、不足する税額や加算税を納税することもできますし、内容に納得がいかなければ不服申立てを行うこともできます。なお、**一般的には、通知の前に担当職員から口頭説明が行われ、自主的に修正申告をするよう勧められます**。それに応じれば更正（決定）はありません。

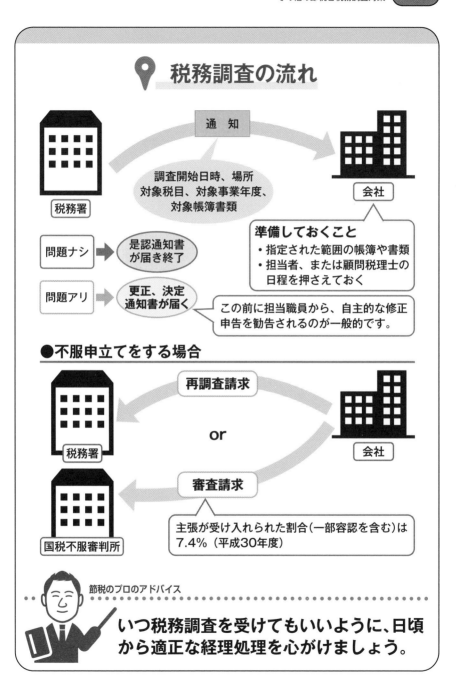

税務調査の流れ

通 知

調査開始日時、場所
対象税目、対象事業年度、
対象帳簿書類

税務署

会社

問題ナシ → 是認通知書が届き終了

問題アリ → 更正、決定通知書が届く

準備しておくこと
- 指定された範囲の帳簿や書類
- 担当者、または顧問税理士の日程を押さえておく

この前に担当職員から、自主的な修正申告を勧告されるのが一般的です。

●不服申立てをする場合

再調査請求

or

審査請求

税務署

会社

国税不服審判所

主張が受け入れられた割合(一部容認を含む)は7.4%(平成30年度)

節税のプロのアドバイス

いつ税務調査を受けてもいいように、日頃から適正な経理処理を心がけましょう。

78 税務調査に対する 準備をしておく

できれば書面添付制度を活用して申告する

🔍 日頃からとるべき対策

　税務申告の根拠となった帳簿や証憑書類は、必ず整理して保管しましょう。**保存期間は申告期限の翌日から原則 7 年間**ですが、青色申告によって利用できる「欠損金の繰越し」をする事業年度は、その期間に合わせて書類の保存をしなければなりません。平成 20 年 4 月 1 日以後に終了した事業年度であれば 9 年間、平成 30 年 4 月 1 日以後に開始する事業年度は 10 年間となります。

🔍 質問に答えられるように準備を

　税務調査で必ずチェックされるのは、**売上・仕入の計上時期**です。計上基準を把握しておくことはもちろん、計上日の根拠とした書類（請求書、領収書、納品書など）も整理しておきましょう。特に現金による売上がある会社は、売上金の管理方法をレジの担当者に確認されることもあります。現金売上は、振り込みやカード決済に比べて、金額や収入の時期をごまかしやすいからです。ほかにもチェックされやすいものとして、**棚卸し**があります。棚卸しもまた、在庫の状況を操作することで、経費を多く計上することが比較的容易にできるからです。特に毎期の棚卸資産の変動が大きい会社は、理由を尋ねられる可能性がありますので備えておきましょう。

　一般の経費でチェックされやすいのは、**交際費**や**外注費**です。交際費は事業との関係性、外注費は架空計上や水増しがないかも視野に入れて確認されます。**固定資産**については、資産計上をしなければならないものを経費にしていないか、資本的支出にあたるものを**修繕費**にしていないか等をチェックされます。高額な修繕費がある場合は、なぜ修繕費としたか説明できるようにしておきましょう。

書面添付制度を活用しよう

書面添付制度とは？

税理士が作成した申告書に、詳しい内容や相談を受けた事項などを記載した書面を添付する制度。この書面がある場合、税務署は、税務調査の通知をする前にまずその税理士に意見を聞かなければなりません。税理士の意見を聞いて税務署側の疑問点が解消できれば、実地調査が行われないこともあり、会社は実地調査の対応に割かれる時間を削減できる可能性があります。

会社

税務調査

依頼

税務署

税理士

書面添付

節税のプロのアドバイス

書面添付制度を利用すれば、実地調査に移行する確率は低くなる傾向にあります。

株主総会議事録（記載例）(→P42)

　令和○○年○○月○○日午前９時００分、東京都○○区○○○丁目○○番○○号の当会社本店において株主総会を開催した。

　　　　　　　株主の総数　　　　　　２名
　　　　　　　この出資株数　　　　　１００株（議決権の数１００個）
　　　　　　　出席株主数　　　　　　２名
　　　　　　　この出資株数　　　　　１００株（議決権の数１００個）

　上記のとおり法定数に達したので、出席株主数全員の同意により、代表取締役○○○○ が議長となり、次の議案を付議し、出席株主全員一致の決議により可決した。

　　　　　議案　　取締役および監査役の報酬額の承認に関する件
　議長は、取締役および監査役の報酬について下記のとおり決定した旨を述べ、これを議場に諮ったところ、全員一致で原案どおり可決確定した。

　　　　　　　　　　　　　　　記

ポイント①・②

　１．取締役の１カ年の報酬総額合計を金１億円以内、及び監査役の１カ年の報酬総額合計を金5,000万円以内とする。

　２．上記金額の配分方法は取締役会一任とする。

ポイント③

　３．上記金額には使用人としての給料は含まない。

　以上をもって議事全部を終了し、午前１０時００分散会した。
　以上の決議を明確にするため議事録を作成し、議長及び取締役は次のとおり記名捺印する。

　令和○○年○○月○○日

　株式会社○○○○　株主総会において

　　　　　　　　　　　　　　　議長　代表取締役　　　○○○○　㊞

　　　　　　　　　　　　　　　　　　取締役　　　　　○○○○　㊞

役員報酬設定のポイント
①役員報酬の支給限度額をできるだけ高く設定
②役員報酬の支給限度額は総額で設定
③使用人兼務役員の使用人としての給与は含めないで設定する

取締役会議事録（記載例）(→P42)

　令和○○年○○月○○日午前１０時００分、当会社本店において取締役２名出席（取締役２名）のもとに取締役会を開催し下記議案につき可決確定の上、午前１１時散会した。

議案　取締役の報酬額設定の件

　代表取締役　○○○○　は、定款の規定により議長となり、株主総会の決議により承認を受けている取締役報酬の範囲内で、令和○○年○○月度以降の取締役　○○○○の報酬額を月額○○万円、及び取締役　○○○○の報酬額を月額○○万円と設定する旨を議場に諮ったところ、全員異議なくこれを承認した。

　以上の決議を明確にするためこの議事録を作成、出席取締役全員がこれに記名捺印する。

令和○○年○○月○○日

　　　　　　　　　　　（商号）株式会社○○　　取締役会

　　　　　　　　　　　　　　代表取締役　　○○○○　　　㊞

　　　　　　　　　　　　　　　　取締役　　○○○○　　　㊞

役員の退職金に関する規程（記載例）^(→P52)

（目的）
第1条　この規程は、株式会社○○の役員の退職金について定めたものである。
（適用範囲）
第2条　この規程による退職金制度は、株式会社○○に勤務する役員に適用する。
（退職金の不支給・減額）
第3条　次の各号の一に該当する者については、退職金を支給しない。ただし、事情により算出した退職金の支給額を減額して支給することがある。
　　　1．法令違反、重大なる過失又は故意による行為で会社に著しい損害を与え退職したとき。
　　　2．刑事事件に関し有罪の判決を受けたとき。
　　　3．定款の規定に基づき、役員を解任されたとき。
　　　4．退職後、又は支給日までの間において在職中の行為につき解任に相当する事由が発見されたとき。
　　2．退職金の支給後に前項第2号及び第4号に規定する事由が発見された場合は、支給した退職金の返還を求めることができる。
（支給基準）
第4条　退職金額は、次の方法により算出された額の合計額とする。
　　　　退職時における最終報酬月額×勤続年数×功績倍率
　　　　功績倍率は、会長・社長3.0倍、副社長2.8倍、専務取締役2.5倍、
　　　　常務取締役2.2倍、取締役2.0倍、監査役2.0倍、会計参与1.8倍とする。
　　2．役員が次の事由により退職する場合は、前項で算出した金額の全額を支給する。
　　　1．死亡による退職　2．傷病に起因する退職　3．任期満了に伴う退職
　　　4．自己の都合で辞任を申し出取締役会で了承された退職
　　3．前2項以外の理由で退職する場合は、その理由又は情状により退職金額を増額又は減額して支給する。増減額は取締役会でその都度決議する。
（兼務役員）
第5条　使用人（職員）兼務役員の退職金は、次により算出した額とする。
　（1）　役員就任時において、使用人としての退職金の支給を受けなかった者に対しては、退職時における使用人分の給与を基準として、退職金規程に基づいて算出された額に役員月額報酬分（退職時の役員月額報酬から使用人分の給与を控除した金額）を基準に、前条の算出により算出した役員退職金を加算した額を支給する。
（勤続年数の算出）
第6条　勤続年数は役員に就任した日から起算し、退職又は退任の日までとする。
　　2．勤続年数の1ヶ年未満は切り捨てる。
　　3．勤務の途中で退任（辞任）し、再度就任した場合はこれを通算する。
（金額の端数計算）
第7条　退職金の最終計算において、千円未満の端数があるときはこれを切り上げる。
（受給権者）
第8条　役員が死亡した場合の退職金又は退職功労金は、死亡当時、本人の収入により生計を維持していた遺族に支給する。
　　2．前項の遺族の範囲及び支給順位については、労働基準法施行規則第42条から第45条の定めるところを準用する。
（支払の時期および方法）
第9条　退職金の支給は、退職の日から60日以内にその全額を口座振込み又は金融機関振出し小切手により支払う。

🔍 おわりに

　ここまでお読みくださり、本当にありがとうございます。

　Chapter1 で述べたとおり、節税はやり方さえ知っていれば、法律のルール内でできることがたくさんあります。

　それが決算前だろうと決算日を過ぎてしまってからだろうと、落ち着いて考えれば、必ずできる対策が見つかるはずです。

　しかし、経営者は売上を伸ばすためにたくさんのことを考えなければなりません。市場や価格が適切なのか、競合他社の動向に変化はないか、社員教育は効果的にできているか、次の融資はいくら必要か……自分の生活など二の次で、常に会社のことを考えながら毎日が慌ただしく過ぎ去っていると思います。

　「だから節税には手が回らない」、「経理担当者が問題なく進めてくれたらそれでいい」、そうお考えの方もいらっしゃると思います。無理のないことでしょう。

　しかし、そうやって日々の努力で積み重ねた売上も、節税ができていないと、小さな穴の空いた容器に水を注ぐように、どうしても会社で使える経営資源が減ってしまいます。

　また「節税できるのはせいぜい売上の数％だろう」「それを勉強するくらいなら、資金調達をどうするかを考えるほうが会社のためになる」というお考えもあるかもしれません。

　たしかに、１年間でできる節税額は限られます。

　資金調達にもいろいろな方法がありますので、その手法や、融資の審査をクリアできる事業計画の立て方などを研究することも、会社を大きくする上では不可欠です。

　しかしあえて申し上げるなら、節税はやり方がわかれば、その後は大きな改正がない限り、毎年同じやり方を続けることができます。資金調達だとそうはいきません。会社の成長ステージに合った調達方法を学び、毎回異なる事業計画を考えなければなりません。でも節税はずっと使えますし、早く始めたほうが得です。

もちろん、毎年の税制改正がありますから、今できていることが 10 年後もまったく同じ方法でできる保証はありませんが、節税に関心をもつことで、改正にも早く対応できる会社になることは間違いありません。

　この書が、経営者が日々の努力で勝ち取った売上を守るためのバイブルになれば幸いです。

　最後になりましたが、この書籍を執筆・発行するにあたり、ご協力およびご尽力いただきました株式会社すばる舎の大原さん、クライアントの皆様、提携先の皆様、中村太郎税理士事務所のスタッフの皆様、そして私を産み育ててくれた両親と、最愛なる妻と息子に心より感謝申し上げます。ありがとうございました。

中村　太郎

◎免責事項のお知らせ
・本書の内容には細心の注意を払っておりますが、記載情報の誤りや誤字など事由の如何を問わず、本書の内容を参考にして実際の業務を行い、それによって生じた損害については、筆者や出版元、その他関係者は一切の責任を負いませんので、その点はあらかじめご了承ください。なお、出版後に判明した誤字脱字等については、出版元ウェブサイトの「訂正情報」コーナーで随時公表しています。

・特に法的な記述に関しては、本書執筆時点での最新情報を参考にして作成していますが、法律は常に変わっていくため、本書の記述内容に全面的に依拠して判断を下すことはお控えください（必要に応じて、専門家に相談していただくことをおすすめします）。契約を含む法的行為は、ご自身の責任で行われるようお願いいたします。

◎参考資料
国税庁
https://www.nta.go.jp/

中小企業庁
https://www.chusho.meti.go.jp/

国税不服審判所
https://www.kfs.go.jp/index.html

東京都主税局
https://www.tax.metro.tokyo.lg.jp/

租税法務学会
http://sozeihoumu.org/

中小企業退職金共済事業本部
https://chutaikyo.taisyokukin.go.jp/index.html

税務会計経営情報サイト TabisLand（タビスランド）
https://www.tabisland.ne.jp/

全国健康保険協会
https://www.kyoukaikenpo.or.jp/

その他、多数のサイトや資料を参照させていただきました。この場で、謹んで御礼申し上げます。

2時間でざっくりつかむ！
中小企業の
「人事・賃金制度」
はじめに読む本

堀之内克彦［著］
ISBN 978-4-7991-0582-5
1815円（10%税込）

自社に合った制度なら、
人手不足・人材不足も
スムーズに解消できる！

2時間でざっくりつかむ！
中小企業の
「システム外注」
はじめに読む本

坂東大輔［著］
ISBN 978-4-7991-0748-5
1815円（10%税込）

トラブルを未然に防いで
満足度の高いシステムを開発し、
競争力を一気に高める！

2時間でざっくりつかむ！
中小企業の
「就業規則」
はじめに読む本

源田裕久 ［著］
ISBN 978-4-7991-0891-8
1815 円（10% 税込）

時代と会社の変化に応じた
就業規則の作成と見直しが、
御社を守ります！

2時間でざっくりつかむ！
中小企業の
「事業承継」
はじめに読む本

藤間秋男 ［著］
ISBN 978-4-7991-0953-3
1815 円（10% 税込）

会社に磨きをかけて、
次の世代にバトンタッチする。
これが経営者の使命です！

〈著者略歴〉

中村 太郎 （なかむら・たろう）

税理士・行政書士・経営革新等支援機関、経営支援アドバイザー。
1974年大阪府堺市生まれ。和歌山大学卒。2000年に税理士事務所に入所し、04年に税理士試験合格。11年に中村太郎税理士事務所を開業する。
中小企業を中心とした法人・個人への税務・財務指導を24年間で400社超経験。税理士として中小企業の節税コンサルティングを得意とし、中小企業の独立・起業相談や税務・財務・経理・融資・補助金等についての堅実なサポートに定評がある。
ブログ「なにわの税理士 東京奮闘記」は年間20万アクセスを記録。本書が初の著作となる。

●中村太郎税理士事務所
　https://www.nakamura-taro.com/

●税理士 中村太郎のブログ「新宿の節税に強い中村太郎税理士事務所のブログ」
　https://blog.nakamura-taro.com/

2時間でざっくりつかむ！
中小企業の「節税」はじめに読む本

2021年 9月28日　　第1刷発行
2024年 8月 8日　　第2刷発行

著　　　者──中村 太郎
発 行 者──徳留 慶太郎
発 行 所──株式会社すばる舎

〒170-0013　東京都豊島区東池袋3-9-7　東池袋織本ビル

TEL 03-3981-8651（代表）　03-3981-0767（営業部直通）
FAX 03-3985-4947
URL https://www.subarusya.jp/

企画協力──中村太郎税理士事務所
装　　　丁──菊池 祐（ライラック）
図版制作──有限会社クリィーク
印　　　刷──株式会社光邦